위기에 더 강한
음식점 창업

성공으로 이끄는 외식 창업 전략의 모든 것

위기에 더 강한 음식점 창업

강병남 지음

위기와 **기회**가 공존하는 식당 창업 전쟁에서 살아남기!

BM (주)도서출판 성안당

자영업자의 위기 어제오늘의 일이 아니다.
위기 속 새로운 기회 창출!

코로나19의 장기화로 소상공인, 외식업 자영업자의 최대 위기 상황이 길어지고 있습니다. 많은 자영업자가 단군 이래 최고의 위기라고 말하며, 다시는 음식점을 하지 않겠다고 말합니다. 정부의 코로나19 방역조치에 따라 힘겹게 영업하면서 한 치 앞을 예측할 수 없는 지금 같은 시기를 어떻게 견뎌야 할지 오늘도 자영업자들은 한숨만 내쉽니다.

얼마 전 광화문에 있는 와인 레스토랑에서 맛있는 음식과 와인을 대접받았습니다. 부모님께서 식당을 차려줬는지, 창업 자금은 얼마나 들었는지 이곳 젊은 대표에게 물었습니다. 그러나 뜻밖의 대답을 들었습니다. 친구와 함께 오픈했으며, 창업 자금이 각각 3,400만 원, 총 6,800만 원 들었고 그 돈으로 광화문과 충무로 두 개 점포를 인수했다고 합니다. 기업이나 자본가들이 외식업에 진출해 조금 영업하다 손익분기점에 이르지 못하면 바로 철수해버리는 상황을 요즘 들어 더 자주 목도하게 됩니다. 다시 말해 제대로 준비만 한다면 값싸게 인수할 수 있는 점포가 우리 주변에 너무 많다는 것이고, 바로 최대의 위기로 여겨지는 지금이 최고의 기회가 될 수 있다는 이야기입니다.

와인 레스토랑을 운영하는 젊은 친구는 음식을 배우기 위해 벨기에로 떠나 미쉐린 가이드에 나오는 레스토랑을 무작정 찾아갔다고 합니다. 그러고는 통사정을 해 무보수로 12시간씩 6개월을 근무했고, 결국 셰프의 마음을 얻어 요리를 하나하나 배울 수 있었다고 합니다. 그때 배운 메뉴가 지금의 레스토랑에서 최고 인기 메뉴입니다. 한 유명 외식업소 대표는 '메뉴는 개발하는 것이 아니라 발견하는 것'이라고 말했습니다. 나의 것만 고집하지 말고 남의 것을 적극적으로 받아들일 준비가 필요한 시기입니다.

　서산에서 횟집을 운영하고 있는 한 대표는 요즘처럼 어려운 시기에 오히려 신바람이 난다고 합니다. 코로나19 이전보다 매출이 더 높아졌기 때문이죠. 매장 방문 손님은 줄었지만 영업 제한시간이 없는 배달과 포장 주문 손님들이 훨씬 더 많아졌습니다. 물론 주문한 고객의 리뷰가 '성공의 키'라고 할 수 있습니다.

　세상은 앞으로도 변화를 행동으로 옮기는 자가 발전시켜 나갈 것입니다. Change(변화)에서 'g'를 'c'로 바꾸면, Chance(기회)가 됩니다. 변화하고자 하는 사람에게 기회가 옵니다. 당신이 음식점 창업으로 변화와 기회를 통한 성공의 주인공이 되기를 진심으로 바랍니다.

저자　강 병 남

목 차
Contents

머리말 ···4

PART 01 대박집으로 가는 '지름길' 익히기

CHAPTER 01 | 대박집의 성공 조건
외식업의 현재 ···12
대박집을 위한 다섯 가지 성공 전략 ···14

CHAPTER 02 | 외식업의 가치와 트렌드
가치 중심적 경영 ···18
외식업의 경영 변화 ···19
고객 가치의 변화 ···20
외식업의 트렌드 ···21

CHAPTER 03 | 잘되는 음식점과 안되는 음식점
잘되는 음식점의 성공 포인트 ···22
안되는 음식점의 이유 ···23
평생 직장, 대박 맛집 ···25

PART 02 대박집으로 만드는 '비법' 찾아내기

CHAPTER 04 | 우리 점포에 스토리를 붙여라
- 불경기 속 어려운 시장 상황 ···30
- 대박 맛집 사장이 되는 출발선 ···32
- 스토리가 있어야 살아남는다 ···34

CHAPTER 05 | 당신의 표정이 매출을 결정한다
- 주인의 명랑한 표정 ···41
- 고객이 원하는 것 ···45
- 서비스의 출발 ···47
- 사례로 살펴본 몽실식당 서비스 운영 매뉴얼 ···52

CHAPTER 06 | 성공하기 위해서는 대비해야 한다
- 장기 불황 속 일본이 살아남을 수 있었던 이유 ···82
- 기본에 충실한 일본 음식점 사례 ···84

CHAPTER 07 | 우리 음식점에 꼭 맞는 판촉 전략 세우기
- 실패하지 않는 전략, 계절감 연출 ···89
- 연간 판매촉진 계획 세우는 법 ···91
- 대박집으로 가는 열쇠 ···93
- 정확한 목표와 실천할 수 있는 계획 ···94
- 매출을 올릴 수 있는 상품 찾기 ···97

CHAPTER 08 | 우리 음식점의 손익관리 계산하기
- 손익관리의 필요성 ···98
- 손익관리 실행의 장점 ···99
- 매출 분석 가능 사항 ···100

PART 03 대박집이 되는 '조건' 흡수하기

CHAPTER 09 | 대박 맛집은 경쟁에서 시작된다
요리를 통해 세상을 움직이다 ···108
성공 음식점을 위한 위생 등급 ···112

CHAPTER 10 | 음식점의 경쟁력은 메뉴가 결정한다
메뉴 개발 계획 세우기 ···115
효과적으로 메뉴 개발하기 ···119
메뉴가 성공을 결정한다 ···127

대박집으로 우뚝 서기

CHAPTER 11 | 저성장시대 경쟁력 높이기
맛은 정직하다 ···136
전 세계에 자랑할 수 있는 메뉴 ···139
도전하라, 대박이 보인다 ···145

CHAPTER 12 | 성공하는 경영주의 역할과 직무
경영주의 조건 ···148
경영주의 직무 ···152
경영주의 역할 ···152
경영주의 31가지 행동 규범 ···155
성공하는 경영주의 행동 스케줄 ···157

부록
대박 맛집 운영의 분기별 테마 ···162
대박 맛집 비밀 레시피 노트 ···166
창업자가 기본적으로 알아야 하는 '산업재산권' ···172
일반음식점 영업신고 및 영업허가 관련 사항 ···173
알아두면 유용한 창업 관련 사이트 ···180
참고 문헌 ···183

CHAPTER 01 • 대박집의 성공 조건

CHAPTER 02 • 외식업의 가치와 트렌드

CHAPTER 03 • 잘되는 음식점과 안되는 음식점

대박집으로 가는
'지름길' 익히기

대박집의 성공 조건

외식업의 현재

요즘 대학에서는 우리가 배우고 있는 조리 관련 학과의 인기가 대단합니다. 전국 200여 개 정도의 대학에 조리 관련 학과가 있는데도 학생들의 입시 경쟁이 매우 치열합니다. 이러한 경쟁이 외식업의 경쟁으로까지 이어지고 있는 상황에서 외식업으로 성공하기 위한 조건은 무엇일까요?

성공한 사람은 과거의 경험에서 얻은 교훈을 바탕으로 현재의 성공을 이끌어내는 능력이 매우 탁월합니다. 외식업으로 성공하고 싶다면 외식업의 변화를 예측하고 철저하게 준비해야만 합니다. 과거와 현재 그리고 미래에 성공할 식당의 핵심적인 성공 요소는 각각 다를 것입니다. 성공적인 경영은 구성원과 조직이 현재의 트렌드를 제대로 읽고, 그에 따른 정교한 지식을 얼마만큼 습득하는가에 달려있습니다.

경영주는 트렌드를 읽는 경영이 얼마나 중요하고 피할 수 없는 것인지에 대해 알고, 그에 따른 대안을 마련하며, 성공 마인드를 갖기 위해 경각심을 갖는 것이 가장 중요한 일입니다.

외식업은 빈사(瀕死) 상태에 놓여 있습니다. 치열한 경쟁뿐만 아니라 대기업의 참여와 요동치는 경제, 소비자의 다양한 욕구 등으로 경영이 나날이 어려워지고 있습니다. 최근 통계에 따르면 자영업 신고 업종 중에서 1년 안에 폐업하는 업종이 25% 정도인데, 업종별로 자세히 살펴보면 이들 중 85%가 외식업이라고 합니다. 그 이유는 경영 능력 부족, 경기불황, 과열경쟁, 대형업체의 출현 등으로 해석되고 있습니다.

현재 영업 중인 외식업체 중에서 제대로 성과를 올려서 수익을 내는 비율은 10% 정도에 불과하고, 40~50% 정도는 현상 유지를, 나머지는 업종 전환이나 폐업을 고려하고 있습니다. 또한 최근 3년 동안 창업한 음식점 수와 폐업한 음식점 수의 통계 자료를 살펴보면, 총 20만 개가 조금 넘게 생기고, 17만 개 정도가 없어졌다고 합니다. 또한 살아남은 음식점들도 경영의 어려움이 지속될 것으로 전망됩니다. 높은 인건비와 재료비, 비싼 임대료, 높은 세금과 카드수수료, 세월호 사건, 메르스(MERS) 사태 등 예상치 못한 사회현상 등을 감안하면, 경영주가 풀어야 할 과제가 한두 가지가 아닙니다.

필자는 13년 동안 서울 프라자호텔에서 조리사 생활을 하면서 직접 접촉한 고객들을 상대로 일일이 고객일지를 썼습니다. 고객들이 선호하는 메뉴를 기록해 두기 위해서였는데, 기록 과정에서 매우 중요한 사실을 발견했습니다. 바로 문제가 있거나 해결해야 하는 사안이 발견될 때마다 정답은 항상 고객이 가르쳐준다는 것입니다. 그럴 때마다 '이처럼 훌륭한 정보를 주고 대안을 마련해 주는 고객을 왜 만족시키지 못하는가?', '왜 그 고객을 우리 집의 단골이나 충성고객으로 만들지 못하는가?'라는 물음에

도달하곤 했는데, 결국 경영 원칙과 고객에 대한 관심 부족이라는 답을 얻었습니다.

전국에 있는 70여만 개의 음식점 대부분의 경영주는 항상 어려움을 호소합니다. 그러나 아직 희망은 있습니다. 음식점은 정말 투자해볼 만한 가치가 있다고 확신합니다. 외식산업이 차지하는 비중이 77조 원(약 11%)에 이릅니다. 이런 거대 산업임에도 불구하고 지금까지 제대로 된 시스템을 발견하는 것이 그렇게 쉬운 일은 아닙니다. 직접 현장에서 외식업을 경험했고, 또 강단에서 가르치는 입장에 있는 외식인의 한 사람으로서 현실에 많은 책임감을 느낍니다. 치열한 경쟁에서 살아남는 비결은 나만의 브랜드를 갖는 것입니다. 그리고 명품 브랜드를 만들기 위한 노력을 지금부터 하나하나 만들어가야 합니다.

대박집을 위한 다섯 가지 성공 전략

자신의 점포를 경영하는 모든 이들이 작년 또는 어제보다 매출을 향상시키기 위해 오늘도 열심히 땀 흘리면서 노력하고 있습니다. 그중 주변에서 장사가 잘되는 음식점을 보며, "그 음식점 대박 났어!"라고 말합니다. 우리가 새겨야 할 다섯 가지 성공 원칙과 조건을 꼭 기억하면서 조급함보다는 인내심을 가지고 성공 전략을 쌓아봅시다.

1 대박집으로 향하는 성공 원칙

① 시간과 물질을 잘 사용하고 있는가?
　지금 보내고 있는 시간과 물질에 의해 우리의 미래가 결정됩니다.

② 어떤 책을 읽고 있는가?

정보를 신속하고 정확하게 이용할 수 있도록 도와주는 독서는 자신의 가치를 실행하는 가장 좋은 방법입니다.

③ 나에 대해 얼마나 깊이 생각하고 있는가?
내가 알고 깨달은 지적인 내용이 삶 속에 깊이 녹아들기 위해서는 사고하는 훈련이 필요합니다.

④ 건강을 잘 관리하고 있는가?
가치 있는 일은 결국 우리의 몸을 이용한 외적인 활동을 통해 가시화됩니다.

⑤ 함께 일할 동료가 있는가?
주위에 뜻을 같이 나눌 동료가 있어야 하고, 이들과 함께 서로 시너지를 창출할 수 있는 능력이 절대적으로 필요합니다.

2 대박집으로 향하는 성공 조건

① 목표
확실한 목표가 있어야 동기가 부여됩니다.

② 성실함
남들보다 많이 생각하고, 많이 일하고, 더 많이 노력해야 합니다.

③ 반성
잘못한 것을 스스로 인정하고 고칠 줄 알아야 발전합니다.

④ 메모
새로운 정보와 순간적인 아이디어, 타인의 장점을 수시로 기록해야 합니다.

⑤ 실천
아무리 좋은 아이디어도 실행에 옮기지 않으면 단지 아이디어일 뿐입니다. 실패를 두려워하지 않고 실천하는 용기가 성공을 가져다줍니다.

성공 원칙과 조건을 바탕으로 치열한 경쟁에서 살아남기 위한 전략전술이 필요할 때입니다. 외식산업에서도 양극화, 즉 부익부 빈익빈 현상이 그대로 나타나고 있습니다. 즉 대박집과 쪽박집이 뚜렷하고, 빠르게 구분된다는 것입니다.

음식점의 기본은 Q.S.C(Quality, Service, Cleaness). 즉 맛, 서비스, 청결입니다. 그중에서 가장 핵심은 바로 맛이고 서비스와 청결은 맛의 효과를 극대화시키는 중요한 역할을 합니다. 음식의 뛰어난 맛은 기본입니다. 하지만 가격이 저렴하고 맛이 뛰어나면 무조건 성공할 것이라 믿는 것은 잘못된 창업 전략입니다. 저렴한 가격을 위해 원칙 없이 비용을 줄이다 보면, 이것도 아끼고 저것도 아껴서 때로는 식재료의 질까지 떨어뜨리는 경우가 있습니다. 고객을 전혀 고려하지 않은 비용 절감을 위한 발상이 경쟁력을 잃게 만드는 것입니다.

고객은 가격이 저렴한 것만을 원하지 않습니다. 우리나라가 어려웠던 시절에는 음식이 푸짐하기만 해도 찾아갔고 유명해졌지만, 그런 시대는 이미 오래 전에 지나갔습니다. 결국 고객은 전문적인 맛을 낼 수 있는 식당을 선호합니다.

수많은 전문가들의 의견을 종합해 보면, 성공하는 대박 맛집은 주인의 노력에 달려있다고 합니다. 경쟁 업소보다 한 발 앞선 계획과 실천이 성공의 열쇠인 것입니다. 지금 우리 점포에 대한 매뉴얼은 가지고 있는지,

새로운 메뉴는 무엇을 준비하고 있는지 객관적으로 확인하고 정리해야 합니다. 그리고 대박집이 되기 위한 좀 더 구체적인 다음의 성공 지침을 살펴보고, 실패 원인이 무엇인지 정확하게 파악해야 합니다.

성공하는 음식점	실패하는 음식점
• 단일 메뉴를 선택해라. • 대중적인 메뉴로 차별화해라. • 자신이 직접 경영해라. • 입지에 적합한 메뉴를 선택해라. • 자신의 환경에 적합한 업종을 선택해라. • 동종 업종에서 일해보라. • 벤치마킹 등을 통해 열심히 연구해라.	• 맛이 없다. • 메뉴가 너무 다양하다. • 지나치게 손익을 따진다. • 가격에 비해 음식량이 적다. • 최선을 다하지 않고 입지만 따진다. • 동업 관계에 있다. • 쓸데없이 자존심이 강하다. • 오너 개인의 품위와 품격을 지키려고 한다.

▲ 성공하는 음식점 vs 실패하는 음식점

외식업의 가치와 트렌드

저성장시대인 요즘, 우리는 IMF보다 더 혹독한 환경 속에 있습니다. 새로운 돌파구를 찾지 않으면 또 다른 위기를 맞이할 수 있습니다. 이럴 때일수록 고객의 정확한 소비 트렌드와 우리 음식점이 살아남을 수 있는 새로운 변화를 추구해야 합니다.

가치 중심적 경영

우리 주변에서 성공한 점포의 성공 요인은 먼 곳이 아닌 가까운 곳에서 찾아볼 수 있습니다. '위생과 맛', '가격과 맛', 그리고 '고객 비율', 이 세 가지 요소를 정확히 파악한다면, 가치 중심적 경영을 통한 성공에 한 발짝 더 가깝게 다가갈 수 있을 것입니다.

① 위생과 맛

과거에는 위생이 나쁘더라도 음식 맛이 좋은 식당이 성공했습니다. 하지만 앞으로의 외식 트렌드는 위생뿐만 아니라 음식 맛도 좋은 식당이 성공할 수밖에 없습니다.

② 가격과 맛

과거에는 가격이 싸면서 음식 맛도 좋은 식당이 성공했는데, 이 경우 고객은 좋지만, 주인은 수익 확보가 어렵다는 문제가 있습니다. 앞으로의 트렌드는 가격은 비싸지만, 음식 맛이 매우 좋은 식당이 성공할 것입니다.

③ 고객 비율

점포가 성공하려면 고객의 비율도 중요합니다. 먼저 우량 고객, 즉 충성 고객을 전체 고객 비율의 20~30% 정도, 경쟁 고객이 전체 고객 비율의 30~40% 정도여야 합니다. 경쟁 고객은 점포의 만족도에 따라 우리 점포에 다시 올 수도 있고, 다른 경쟁 점포로 빼앗길 수도 있으므로 매출의 중요한 분수령을 가지고 있는 고객입니다. 마지막으로 잠재 고객을 40~50% 정도 확보하고 있어야 안전합니다.

외식업의 경영 변화

발상의 전환이 곧 점포의 성공입니다. 따라서 외식산업의 흐름을 파악하고 앞으로의 변화를 예측할 수 있어야 합니다.

첫째, 과거에는 "괜찮네!" 정도에 만족했지만, 이제는 "정말 대단해!"라는 감탄사가 나와야 훌륭한 점포입니다. 둘째, 과거의 아날로그 시스템에서 현재의 디지털 시스템에 적응하고, 정보화 전략 측면에서 효율적인 스마트 경영 시스템을 도입해야 합니다. 셋째, 지나친 홍보보다는 높은 음식의 질로 고객을 만족시켜 자연스럽게 입소문이 나도록 해야 합니다. 넷째, 지금까지가 몸(체력)으로 경영했다면 앞으로는 머리(생각)로 경영해야 합니다.

고객은 준비된 서비스를 기대하고 있습니다. 그래서 고객이 물을 찾기 전에 가져다주는 예측된 서비스가 필요한 것입니다.

고객 가치의 변화

음식점을 경영할 때 과거에는 큰 것 한 개를 판매하면 매출이 올랐지만, 지금은 공급 형태의 다양한 변화로 어려움이 많아 경쟁력 확보가 매우 어렵습니다. 즉 과거에는 자장면이나 짬뽕, 둘 중에서 하나를 선택했지만, 요즘에는 짬짜면을 선호하고, 피자 한 판보다는 두 가지 맛을 한번에 즐길 수 있는 형태로 바뀌고 있습니다. 그리고 음식이 남으면 재질과 디자인이 고급화된 포장 판매(take out)의 형태로 고객에게 되돌려주는 등 고객 가치가 변화하고 있습니다. 그러므로 철저하게 고객 가치를 중심으로 경영해야 합니다.

이제 고객의 사고는 완전히 바뀌고 있습니다. 과거에는 서열과 질서, 정보와 지식, 일관성과 통제, 독점과 독존이 함께했습니다. 하지만 지금은 역량과 파괴, 지식과 지혜, 유연과 자율, 공유와 상생을 복합적으로 활용하면서 지식 기반 사회를 위하여 분명한 목적을 가지고, 자신의 관점과 필요와 가치에 부합하는 정보를 추구하며, 소유보다 활용에 집착하고, 정보의 우선순위와 균형 유지에 앞장서야 합니다.

외식업의 트렌드

1인 10색인 요즘 소비자는 다양하고, 독특하며, 이색적인 맛과 분위기를 계속 요구하고 있습니다. 하루가 다르게 변화하고 있는 외식업계에서 그에 맞는 트렌드를 추구하는 것은 어쩌면 당연한 일입니다. 그러므로 편의와 간편성 추구, 차별화와 다양화 추구, 그레이징화(grazing), 복고주의, 이국적인 취향, 건강 지향 식품 선호 등 이전에는 찾아볼 수 없었던 21세기의 다양한 변화에 맞춰 점포를 경영해야 합니다.

앞으로의 음식점 경영은 지금까지처럼 변화 없는 단조롭고 평범한 방법으로는 다른 업체와의 경쟁에서 이길 수 없습니다. 이제 세계 음식 문화 트렌드인 퓨전과 웰빙을 기반으로 한 우리에게 편안하고 익숙한 음식과 양도 많고 질도 좋으면서 가격은 저렴한 음식에 초점을 맞추어야 합니다. 또한 이러한 외식산업의 환경 변화에 민감하게 반응하고 진정한 점포로 번성할 수 있도록 더욱 준비하고 노력해야 합니다.

잘되는 음식점과 안되는 음식점

잘되는 음식점의 성공 포인트

 새로운 해가 시작되면 대외적으로 어려운 환경 속에서 많은 전문가들이 올해는 더 어려울 것이라는 우려 섞인 전망을 쏟아내기 시작합니다. 혹자는 올해는 창업은 없고 폐업과 업종 전환만 있을 것이라고 전망합니다. 우리의 주변 환경이 매우 어렵고, 이러한 문제 때문에 음식업이 직격탄을 맞고 있는 현실 속에서 이에 대한 대안은 없는지 생각해봐야 할 때입니다.

 우리나라는 지난 금융 위기에서도 슬기롭게 극복했던 몇몇 나라 중 하나입니다. 최근에 필자는 소상공인시장진흥원 컨설턴트로 활동하면서 많은 음식점을 방문하여 애로 사항을 직접 듣기도 하고, 그 점포에 맞게 마케팅 전략을 세워 많은 점포에 희망을 주기도 했습니다. 그런데 이 과정에서 중요한 것을 발견할 수 있었습니다. 그것은 바로 음식점의 성공과 실패의 열쇠는 그 누구의 도움이 아니라 바로 자신이라는 것입니다. 이것을 본인 스스로 빨리 깨우치고 자신에게서 정답을 찾아야 합니다.

필자에게 감동을 준 홍대 입구 쪽에 있는 삼계탕집을 소개하겠습니다. 삼계탕은 계절상품이어서 겨울에는 복날이 있는 여름에 비해 매출이 많이 떨어집니다. 그러나 이 삼계탕집의 주인은 겨울 매출에 대해서 걱정만 하지 않고 오히려 여름 매출을 급등하게 만들었습니다. 주인은 오히려 "사계절 내내 삼계탕처럼 이렇게 꾸준한 상품이 어디 있는가?" 하고 반문합니다. 삼계탕집은 보통 삼계탕 메뉴 하나이기 때문에 매출 대비 인건비 비중이 작고, 음식 만들기도 비교적 간단하다고 말합니다. 그래서 매일같이 직접 닭에 쌀과 재료를 넣으며 마음 속으로 고객이 맛있게 먹고 건강하라고 기도한다고 합니다. 고객의 먹는 모습을 상상하고 흐뭇한 미소를 지으면서 삼계탕을 만들었더니 음식이 당연히 맛있다는 것입니다.

이 삼계탕집 주인은 30여 년 동안 영업하면서 닭에 대한 예찬론자가 되었습니다. 한 마디로 닭에 푹 빠져버린 것입니다. 최근에는 일본에 삼계탕을 수출하고 관광객까지 늘어 매출이 많이 올라가고 있다고 합니다. 주인은 다시 태어나도 음식 장사를 한다고 합니다. 이런 마음을 가지고 음식점을 하니 잘 될 수밖에 없지 않을까요?

안되는 음식점의 이유

음식점이 실패하는 가장 큰 원인은 입지를 잘못 선택했기 때문입니다. 모 외식기업 대표가 외친 것처럼 음식점은 첫째도 입지! 둘째도 입지! 셋째도 입지!입니다. 그만큼 음식점은 입지가 가장 중요합니다. 우리 점포에 맞는 입지 선택! 이것이 바로 첫 번째 성공 열쇠입니다.

컨설팅회사에서 근무하면서 터득했던 가장 중요한 성공 조건 두 가지는 우선 '어떤 고객을 상대할 것인가?'이고, 둘째는 '얼마짜리를 판매할 것인가?'입니다. 예를 들어 필자가 근무하고 있는 학교 주변인 충남 홍성에서 양식 레스토랑을 차린 사장들은 대부분 실패했습니다. 왜냐하면 싸구려가 아닌 폼나는 양식 레스토랑을 차려서 비싼 가격으로 팔면서 지역 유지(有志)로 우아하게 그 지역의 상류층과 교류도 하면서 돈 좀 벌려고 레스토랑을 차렸기 때문입니다. 결국 그 음식점 주인은 얼마 가지 못하고 현상 유지도 못한 채 문을 닫았습니다. 아마도 이곳뿐만 아니라 비슷한 이유로 실패한 사례가 생각보다 많을 것입니다.

또 하나의 성공 조건은 음식점에 대한 자긍심입니다. 안 되는 음식점 주인은 '언제 그만 둘까, 내가 준 권리금이 얼마인데, 인테리어는 얼마 들었는데…….' 하면서 다만 얼마라도 건져서 나갈 생각뿐입니다. 이런 마음가짐으로 음식점을 운영한다면 그 점포가 잘될 수 있을까요? 이런 마음은 자신만 알 것이라고 생각하겠지만, 고객은 음식점 주인의 마음을 훨씬 더 잘 꿰뚫어보고 있습니다. 주인의 마음이 떠난 음식이 맛있을 수 없고, 서비스가 좋을 리 없습니다.

성공 음식점의 주인공이 되고 싶다면, 철저한 기본기와 사고의 전환으로 저성장시대라는 어려운 현실에서 반드시 새로운 기회를 잡기를 바랍니다.

◀ 잘되는 음식점은 가장 기본인 밥맛부터 다르다.

평생 직장, 대박 맛집

얼마 전 오후 5시쯤 가족과 함께 평촌에 있는 쌈밥집을 방문했는데, 작은 주차장은 이미 차량으로 가득차 있었습니다. 반면 쌈밥집의 앞집은 주차장은 컸지만, 차가 한 대도 없어서 무척 썰렁했습니다. 누구든지 주차하기 편한 그 앞집을 갈 것 같지만, 고객들은 기다리면서도 복잡한 쌈밥집을 찾았습니다. 이유가 무엇일까요? 필자도 가족과 함께 기다렸다가 식사를 하였고, 식사를 하면서 잘되는 이유를 찾기 시작했습니다.

첫째, 건강을 생각한 콘셉트

쌈밥집은 고기에 비해 각종 채소가 푸짐하게 나와서 무척 매력적이었습니다. 신선한 채소에 얇게 썬 삼겹살을 살짝 데친 뒤 여기에 이 음식점만의 노하우인 젓갈쌈장을 얹어 먹으니 맛이 일품이었습니다.

둘째, 훌륭한 서비스

식당 가족끼리 이루어지는 서비스는 전부 예측되고 준비된 서비스였습니다. 물이 떨어지자마자 곧바로 물을 채우고, 채소가 부족하면 더욱 푸짐하게 가져다주는 서비스 자세가 단골고객으로 이어지게 하는 비결이었습니다.

셋째, 노력하는 주인의 자세

쌈밥집에는 음식점과 관련된 책이 많았습니다. 여기에서 필자의 책도 발견할 수 있었습니다. 이것만 봐도 주인이 노력한다는 것을 충분히 짐작하면서 성공의 비결이 무엇인지 쉽게 찾아볼 수 있었습니다.

이 쌈밥집도 남편이 잘 다니던 직장에서 명예퇴직한 후 갑자기 차린 음식점이라고 합니다. 대부분의 음식점 창업 스토리는 먹고 살기 위한 생계형 음식점으로, 생각보다 많은 음식점들이 준비 없이 창업하고 있습니다. 하지만 이러한 창업 형태는 음식점 성공률이 10% 정도에 불과한 지금처럼 어려운 환경 속에서 너무 위험합니다. 결국 창업 후 1년도 못 가서 폐업한다고 하니 성공적인 창업을 위해서는 확실하게 준비하는 방법밖에는 없습니다. 자신의 평생 직업을 음식점에서 찾는다면, 너무 쉽게 생각하지 말고 우리 음식점만의 노하우를 하나하나 쌓아가야 합니다.

음식점은 그곳만이 가진 영업 방침이나 맛에 따라 호감을 가지는 마니아층을 만들 수 있습니다. 점포가 주는 이미지와 맛에 자신의 생각과 감정이 비슷한 사람들을 고객으로 삼아 정직하게 운영하고, 고객에게 성심성의껏 서비스하면, 진정한 충성 고객을 만들 수 있습니다.

음식점이란 곳은 일단 들어가서 맛을 보기 전에는 어떤 곳인지 쉽게 판단하기 힘든 면이 있습니다. 고객과 주인이 서로 의사소통이 가능한 곳으로 만들 수 있다면, 사전평가가 불가능하다는 외식업의 한계점을 극복할 수 있습니다. 또한 고객의 불안감을 감소시킬 뿐만 아니라 만족감을 증폭시킬 수 있게 합니다.

현재의 소비 패턴은 굶주림을 채우려고 음식을 먹지 않습니다. 고객은 맛과 건강뿐만 아니라 환경까지 생각하는 시기에 이르게 되었습니다. 이러한 추세를 민감하게 살펴보고, 이것에 적응해야 경쟁에서 이길 수 있습니다. 좋은 재료를 사용하고 있다는 것을 고객이 주지할 수 있도록 광고하고, 고객에게 자기가 먹고 있는 음식에 매우 양질의 재료가 사용되었다는 것을 인지시켜야 합니다. 또한 건강에도 좋다는 심리적 즐거움을 주어 고품격의 점포 이미지를 심어준다면, 최고의 경쟁력을 갖출 수 있습니다.

음식점처럼 고객을 대면하는 횟수가 많은 곳에서는 주인의 성품이나 인상도 매우 중요합니다. 경영주가 좋은 인상을 가지고 있으면, 경영에 있어서 일단 유리한 고지에서 출발했다고 해도 과언이 아닙니다. 너그럽고 여유 있는 웃음에 청결한 이미지까지 갖추고 있다면, 고객은 잊지 않고 또다시 찾아올 것입니다.

고객은 예리한 눈으로 냉정하게 점포를 파악하는 경향이 있습니다. 무엇인가 불만족스러운 점이 있을 때는 마음의 한구석에 앙금을 가지고 떠납니다. 그러므로 고객을 위해 마음과 정성을 다하려고 노력하는 자세를 보여주면, 진정한 고객을 확보할 수 있습니다.

항상 새로운 고객층을 흡수할 수 있도록 노력해야 합니다. 특히 현재의 소비 추세를 보면 젊은 세대가 차지하는 비중이 날로 커지고 있습니다. 그러므로 그들의 입맛을 자극할 수 있는 메뉴를 개발해야 하고, 바쁜 그들의 식생활에 맞는 스피디한 메뉴를 준비해야 합니다. 또한 여성 고객에 대한 배려도 각별히 신경을 써야 합니다. 여성 고객의 경우 점포 이미지를 자신의 이미지와 동일시하는 경향이 강하므로 화장실을 포함한 점포의 청결에 특히 유의해야 합니다.

지금 대학교에서 최고의 인기 학과는 바로 조리학, 외식산업학과이고 요즘 TV에서는 먹방, 쿡방이 인기 절정입니다. 이러한 경향으로 볼 때 외식산업은 분명히 이 시대 최고의 성장 산업으로 진입하고 있음을 빨리 간파하여 당당하고 자랑스럽게 사업에 매진해야 합니다. 음식점에는 정년퇴직도 없고, 명예퇴직도 없습니다. 그러므로 지금부터 평생직업시대에 맞게 준비하고 차근차근 노력해야 합니다.

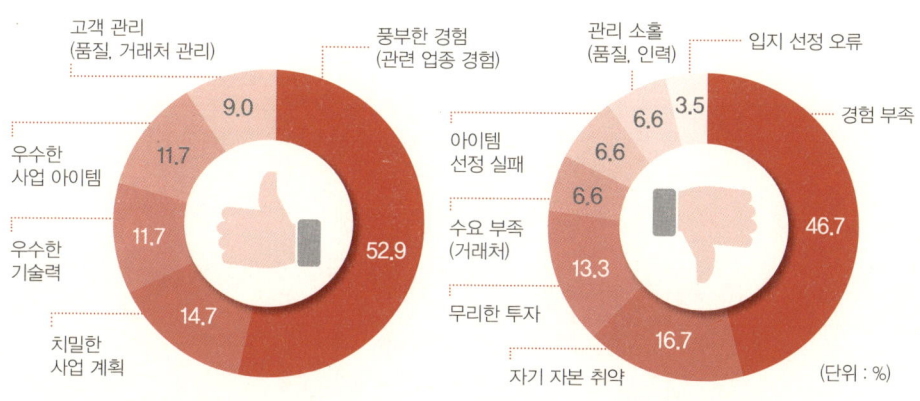

▲ 창업에 성공한 원인 vs 실패한 원인

CHAPTER 04 · 우리 점포에 스토리를 붙여라

CHAPTER 05 · 당신의 표정이 매출을 결정한다

CHAPTER 06 · 성공하기 위해서는 대비해야 한다

CHAPTER 07 · 우리 음식점에 꼭 맞는 판촉 전략 세우기

CHAPTER 08 · 우리 음식점의 손익관리 계산하기

대박집으로 만드는 '비법' 찾아내기

우리 점포에 스토리를 붙여라

불경기 속 어려운 시장 상황

　유명 브랜드 대표이사의 초청으로 개업한 지 얼마 되지 않은 음식점에서 맛있는 저녁식사를 대접받은 적이 있습니다. 불경기 속에서도 과감하게 투자하고 공격적인 마케팅을 잘하는 사람이기 때문에 기대가 컸고, 규모가 큰 음식점이어서 인테리어를 포함한 세세한 부분까지 관심을 갖고 살펴보게되었습니다. 오픈 주방을 기본으로 한 세련된 인테리어, 훈남 셰프, 부드러운 미소와 단정한 옷차림으로 서빙하는 직원들의 모습 등 세세한 것까지 완벽한 모습에 감탄을 금할 수 없었습니다. 불경기라는 시장 상황의 영향을 받지 않는 곳이었습니다.

　요즘 음식점 주인들은 외환위기 때보다 훨씬 어렵다고 아우성입니다. 매출 하락과 원자잿값 상승에 따른 가격 인상으로 이중고에 시달리고 있는 상황입니다. 하지만 이 위기를 어떻게 풀어야 하는지에 대해서는 어느 누구도 해답을 주지 않습니다. 어떻게 해야 할까요? 그냥 이대로 장사를 포기해야 할까요?

이러한 어려움은 작은 음식점뿐만이 아닙니다. 대기업에서 운영하는 유명 프렌차이즈조차도 엄청난 적자를 이기지 못해 점포의 규모를 절반으로 줄이고 있습니다. 게다가 종업원을 명예퇴직시키는 극약처방까지 하고 있는 현실 속에서 외식산업의 앞날은 점점 더 불투명해 보입니다. 그렇다면 이러한 현실에 대하여 책임지는 사람은 누구일까요? 아무도 책임져 주지 않습니다. 오직 책임질 사람은 바로 나 자신뿐입니다.

아무도 해답을 주지 않는다고, 외식산업 전체의 앞날이 불투명하다고 좌절할 것이 아니라 먼저 우리 음식점에 대하여 철저하게 분석해야 합니다. 가장 맛있는 메뉴는 무엇이고, 고객에게 '이 메뉴는 이 지역에서, 아니 우리나라에서 가장 맛있다'고 자부할 수 있는지 생각해 봅시다. 만약 자부할 만한 메뉴가 없다면 한 주 또는 하루 이틀이라도 가게 문을 닫고 처음부터 다시 시작해야 합니다. 이것이 바로 우리 음식점을 살리기 위한 극약처방입니다. 단기적으로는 매상에 차질이 있겠지만, 장기적으로는 맛있는 음식점, 기다려서 먹는 음식점이 되는 시작점이 될 수 있습니다.

맛에 대한 고객의 사랑은 정직합니다. 여건이 된다면 사람들이 찾는 맛집에서 직접 일해 보는 기회를 찾아 대한민국 최고의 맛을 배워야 합니다. '맛과 미인은 국경이 없다'라는 우스갯말도 있습니다. 최고의 맛에 아름다운 서비스가 곁들여진다면 얼마나 환상적인 점포일까요? 흔히 음식점 사장들은 음식점을 운영하는 데는 교과서가 없고, 참고서는 더욱 없다고 이야기하지만 이것은 어림없는 이야기입니다. 음식점에도 훌륭한 교과서가 있고, 참고서가 있습니다. 그리고 좋은 스승도 있습니다. 지금부터라도 우리 음식점만의 교과서를 만들어야 합니다.

대박 맛집 사장이 되는 출발선

　성공의 길은 여기서부터 시작입니다. 성공의 길을 갈 용기만 있다면 당신은 유명 대박 맛집 사장이 될 자격이 충분합니다. 불황도, 경제 위기도 당신의 용기를 꺾을 수 없을 것입니다.

　먼저 우리 음식점만의 독창적인 교과서인 '매뉴얼'을 만들어서 집중적으로 반복 교육을 실시해야 합니다. 그리고 이러한 반복 교육을 바탕으로 공격적인 전략을 추가해야 합니다. 지역이 아닌 우리나라 전체를 대상으로 하여 마케팅 전략을 펼쳐야 합니다. 우리나라에서 인정받을 수 있는 음식점이라면, 이것이 바로 우리나라 대표 브랜드인 것입니다. 이렇게 하면 대한민국을 넘어 세계시장을 공략할 수 있습니다.

　외국에서 온 기업 중 우리에게 친숙한 기업이 너무 많습니다. 햄버거로 세계시장을 장악하고 피자, 아이스크림, 커피로 세계 브랜드 파워 100위 안에 든 기업들이 얼마나 많은가요? 우리나라 기업도 세계 브랜드 파워에 오를 가능성은 아주 많습니다.

　지금의 외식산업의 위기는 우리만의 위기가 아니라 전 세계의 공통된 위기라는 것을 꼭 기억해야 합니다. 또한 이러한 위기에도 분명 어떤 음식점은 크고 튼튼하게 성장하고, 어떤 음식점은 이 위기를 극복하지 못하고 문을 닫을 것입니다. 우리 음식점의 흥망성쇠는 위기를 어떻게 바라보느냐에 달려있습니다.

　필자가 음식점 경영주에게 강의할 때 항상 먼저 1년 계획을 세울 것을 강조합니다. 돌이켜보면 생각지도 못한 AI(조류인플루엔자), 광우병 파동, 세월호 사건, 메르스 사태 등으로 매출이 오른 달과 줄어든 달, 그리고 상대적으로 매출이 오르는 메뉴가 있는데, 이러한 상황에 따른 대응 전략이 필요합니다. 특히 사계절이 뚜렷한 우리나라 계절에 따른 질병이 상존하고 있는 현실을 고려하여 메뉴 전략을 세운다면, 아주 효과적인 위기 극복 능력을 키울 수 있습니다. 거시적으로는 계절별 계획을 세우고, 미시적으로는 월별 계획을 세워봅니다. 여기에 한 주별로 테마를 정하여 직원 및 고객이 식상하지 않도록 점포 분위기를 새롭게 하고, 이번 주의 추천 메뉴를 선정하여 그에 따른 맛있는 이야기를 덧붙여서 고객에게 맛과 흥미를 동시에 느낄 수 있도록 해야 합니다. 예를 들어 레스토랑에서 시저 샐러드만 판매하는 것이 아니라 시저 샐러드의 유래에 대해서도 설명한다면 고객들이 훨씬 흥미로워할 것입니다.

시저 샐러드의 유래 중에는 로마의 황제 시저가 미인 클레오파트라에게 환심을 사려고 모든 것을 투자했지만, 그 사랑을 이룰 수 없어서 고민하다가 만들어진 음식이라는 재미있는 이야기가 있습니다. 이루어지지 않은 사랑에 가슴 아파하던 시저는 그녀에게 맛있는 음식을 만들어 주면서 마지막으로 사랑을 고백하려고 했습니다. 요리에 대해서 깊이 알지 못했던 시저는 전혀 어울리지 않을 것 같은 빵조각과 치즈, 멸치, 달걀을 그녀의 앞에서 소스에 버무려 주었는데, 그 요리가 바로 시저 샐러드입니다.

이런 이야기를 고객에게 들려주면서 메뉴를 추천한다면 고객은 친근함과 감동을 느낄 것입니다. 또한 그 감동이 한 명의 고객에게서 다른 고객에게로 전해지게 되어 '시저 샐러드는 사랑의 샐러드다'라는 붐이 분다면, 그야말로 금상첨화일 것입니다. 이와 같이 메뉴 하나로 고객의 마음을 사로잡는 비결은 예상외로 쉽다는 것을 항상 기억해야 합니다.

모두가 힘든 시기인 지금, 다른 음식점보다 현명한 계획을 세워 지혜롭게 대처하고 새롭게 변한 음식점으로 만들어봅시다. 보는 관점을 약간만 다르게 해도 위기는 곧 기회가 될 것입니다.

스토리가 있어야 살아남는다

1 스토리텔링의 묘미

 스토리가 있는 음식은 고객이 먹고 싶어 합니다. 동네 앞산에 이름 없는 많은 나무들이 있는데, 어느 날 한 나무 앞에 〈연리목(連理木, 서로 다른 나무가 가까이 자라면서 줄기가 맞닿아 한 나무 줄기로 합쳐져 하나의 나무로 자라는 현상)〉이라는 이름과 그에 대한 설명이 적혀 있는 푯말이 세워졌습니다. 이후 이 나무는 유명한 나무가 되었고, 나무 앞을 지날 때면 누구나 한 번씩 푯말을 읽어보면서 나무의 의미를 생각하며 머물다 갑니다. 이것이 바로 스토리텔링의 묘미입니다.

▲ 연리목 푯말이 세워지면서 유명해진 나무의 모습

2 스토리텔링으로 성공한 음식점

 무더운 여름날, (사)한국외식경영학회에서 1박 2일 일정으로 전라도 맛기행을 떠났습니다. 출발하기 전 신림동에 있는 '우리설렁탕집'에서 설렁탕을 주문하여 아침식사를 했습니다. 그런데 가볍게 조찬을 하려고 들렀던 설렁탕집은 그냥 설렁탕집이 아니었습니다. 넉넉한 주차장과 확 트인 정경 덕분에 마음부터 시원했고, 주문해서 나온 음식은 더 흥미로웠습니다. 설렁탕에 각종 쌈상추가 푸짐하게 나왔기 때문입니다. '과연 설렁탕에 쌈이 어울릴까?' 하는 의구심이 들었지만, 설렁탕 고기에 쌈을 싸 먹는 그 맛은 지금까지의 설렁탕 이미지를 완전히 바꿔놓았습니다.

이 설렁탕집은 최근 몇 년간 웰빙과 건강식에 대한 관심이 높아지면서 '채소를 많이 먹고 싶다'는 고객들의 요구에 맞춰 '쌈'을 설렁탕에 도입했습니다. 상추, 적겨자, 청겨자, 케일, 잎 파슬리, 치커리, 근대, 뉴그린 등 고객이 선호하는 쌈을 골라 큰 바구니에 한가득 차려내면서 여기에 해바라기씨, 땅콩, 호박씨 등 견과류를 듬뿍 넣어 짜지 않게 만든 쌈장을 함께 제공했습니다. 설렁탕에 들어있는 고기를 건져 쌈을 싸먹고 나머지 국물에 밥을 말아 먹었더니, 한 끼 식사로 든든할 뿐만 아니라 영양소도 골고루 섭취할 수 있었습니다.

24시간 꺼지지 않는 큰 가마솥에서 푹 고아 내는 사골육수에 양지고기와 구수한 국수사리를 듬뿍 넣어 한 입 크게 먹는 맛이 정말 일품이었습니다. 여기에 직접 담근 배추김치와 깍두기는 우리 선조들이 사용했던 산야초 효소를 넣어 맛과 건강까지도 챙기는 기본이 탄탄한 맛집이었습니다. 자세히 살펴보니 이곳에서 14년 동안 설렁탕만 고집해온 주인의 정성 가득한 맛있는 설렁탕을 맛보기 위해 인근 주민은 물론 멀리에서도 찾아오는 사람들로 설렁탕집 앞은 항상 문전성시를 이루고 있었습니다.

또 하나, 이 설렁탕집의 메뉴에는 어린이용 설렁탕이 함께 있었습니다. 많은 고객들의 고민 중 하나가 바로 어린 자녀와 동행했을 때 설렁탕 1인분을 추가 주문하기가 애매하다는 것입니다. 하지만 이 설렁탕집에서는 어린이 설렁탕 메뉴를 3,000원에 판매하여 이런 고민을 해결해 주었습니다.

우리나라 사람들이 가장 좋아하는 음식 중 하나인 삼겹살이 오랫동안 사랑받는 이유는 무엇일까요? 그것은 바로 고기는 산성, 채소는 알칼리성으로 조화롭게 어울리기 때문입니다. 이게 바로 음식의 조화인 것입니다. 상추에 삼겹살을 싸서 마늘을 곁들이고, 파무침과 쌈장을 넣은 후 여기에 구수한 된장찌개와 김치, 그리고 마지막에 밥으로 마무리하는 식사는 정말 최고의 맛일 수밖에 없습니다.

서양인들은 한국 음식이 과학적이고 훌륭한 다이어트 음식이라고 합니다. 지금도 미국 LA의 한국 갈빗집에 가면, 미국 사람들이 줄 서서 번호표를 기다리고 있는 집이 많습니다. 그들이 낯선 분위기의 음식점에서 숯불 연기를 맡아가며 그 맛을 즐기는 이유, 햄버거와 콜라에 익숙한 그들이 한국 음식을 선호하는 이유가 무엇일까요? 그것은 바로 한국 음식은 맛있고 과학적이란 것에서 답을 찾을 수 있습니다.

▲ 옛날 공사판을 연상시키는 철판과 풋말 하나로 걷고 싶은 거리가 된 예

지금은 초경쟁시대, 그리고 스마트혁명 디지털시대입니다. '디지털'이라는 차가운 이미지에서 따뜻한 이미지를 얻고 싶은 요즘 사람들에게 스토리텔링 마케팅은 따뜻함을 줍니다. 거기에 주인의 넉넉한 인상과 맛있는 음식까지 더해진다면 성공하는 대박집이 될 것입니다.

성공은 멀리 있는 게 아니라 가장 가까운 곳에 있습니다. 고객에게 기억되기 위한 독특한 콘셉트 그리고 그 콘셉트를 일관성 있게 이어가는 중심에 스토리가 있어야 합니다. 스토리는 사람들의 호기심을 자극하고, 쉽게 기억시키며, 감성을 자극함으로써 제품이나 브랜드에 친밀감과 유대감을 갖도록 해줍니다.

점심 때는 전북 익산에서 유명한 마밥요리 전문점 '본향'에 들러 음식에 얽힌 맛있는 스토리텔링을 들었습니다. 이 음식점은 마로 할 수 있는 모든 요리를 만드는 음식점인데, 마는 건강에 관심이 많은 사람이 누구나 즐기는 식재료로 인기가 많습니다.

무왕의 노래에 담긴 마의 본고장 익산, 그리고 그곳에서 밥상 위를 수놓은 서동설화를 볼 수 있었습니다. '서동마 창작요리 전문점'이라는 별칭을 가지고 '본향'을 운영하는 주인은 마로 만들 수 있는 음식은 무한대라고 말합니다. 처음 몇 가지 요리에 서동마를 넣으면서 시작된 퓨전 마 요리는 이후 마약떡, 마약주, 마죽, 마알쌈, 그리고 기발한 메뉴명 엄마, 마누라, 마동화, 마삼합 등 때로는 전통적인 요리로, 또는 시사적인 요리로, 그리고 재치와 유머가 있는 요리로 완성되고 있습니다.

이런 요리의 결정판이라고 할 수 있는 것은 익산을 배경으로 백제의 서동설화를 스토리텔링한 것입니다. '서동 탄생 → 서동요 → 서동과 선화공주의 사랑 → 무왕 등극 → 무왕과 의자왕의 수라상'으로 익산의 특산물 서동마가 주인의 손에서 이야기로 다시 태어났습니다.

얼마 전에는 배용준이 이 곳을 다녀갔는데 그때 배용준이 먹은 메뉴에 이름을 '욘사마'라고 붙였다고 합니다. 맛있는 음식에 멋있는 스토리텔링을 더하니 맛의 진미가 더욱 깊어진 느낌을 받았습니다.

우리 음식점에 맞는 스토리텔링을 한 번쯤 찾아봐야 합니다. 어렵고 먼 곳이 아닌 가장 가깝고 쉬운 곳에서 우리 음식점만의 맛깔 나는 스토리텔링을 만들어 봅시다.

3 성공적인 스토리텔링을 위한 열 가지 요소

성공적인 스토리텔링을 위한 열 가지 요소를 삼성경제연구소의 자료에서 일부 발췌하였습니다.

❶ 메시지
사용할 스토리 중에서 가장 중요한 메시지를 정하세요. 스토리텔링을 통해서 얻으려고 하는 하나의 메시지를 명확하게 결정해야 합니다.

❷ 갈등
갈등이 없으면 스토리도 없습니다. 갈등은 목표를 달성하기 위해 극복해야만 하는 장벽이자, 스토리를 이끌어가는 원동력입니다. 갈등 해결 방법을 통해 기업과 브랜드가 추구하는 핵심 가치를 표현할 수 있습니다.

❸ 흐름
'어떻게 갈등을 풀 것인가?' 모든 스토리는 여기서부터 출발합니다. 갈등을 해소하기 위한 과정과 결말이 이야기의 흐름이 됩니다. 스토리가 약한 것은 갈등이 약하기 때문입니다. '대립'과 '갈등'이라는 부정적인 측면을 강조해야 합니다.

❹ 캐릭터
스토리 캐릭터의 아이덴티티를 분명하게 표현하세요. 갈등을 제대로 표현하려면, 여러 명의 등장인물이 필요합니다.

❺ 감정
사실 단계와 차트만으로 스토리를 장식하지 마세요. 그들은 분명히 이유와 논리를 말하지만, 강력한 스토리는 우리의 감정을 움직이는 것입니다.

❻ 구체화

　스토리를 가능한 한 구체화하세요. 약간의 비주얼과 환경을 세팅하고 캐릭터가 무슨 감정을 느끼는지와 생각하는지에 대한 환경을 만드세요. 스토리의 세계를 사람들이 직접 경험할 수 있도록 해야 합니다.

❼ 헤드카피

　메시지 작성 기사에서 맨 처음 시작되는 전문(lead)을 잘 지키세요. 헤드카피의 가장 중요한 기능은 소비자의 시선을 끄는 것이고, 두 번째 중요한 기능은 카피를 읽도록 유도하는 것입니다.

❽ 이야기

　고객들이 이야기를 실제로 상상할 수 있도록 만드세요. 그렇게 하려면 스토리를 주입하거나 다른 가치를 높이는 활동이 필요합니다. 스토리의 몰입은 곧 감정이입의 성공을 의미합니다. 스토리를 맹신할 가능성이 높은 강력한 감성 자극 장치를 만들면 더욱 좋습니다.

❾ 열린 결말

　열린 결말은 강력한 힘이 있습니다. 사람들의 의견을 스토리에 반영해도 좋습니다.

❿ 교훈

　부정적인 이야기나 결말은 사용자에게 반감을 불러일으킬 수 있습니다. 끊임없이 도전 과제를 제시하고 성공 경험을 만끽하세요.

4 스토리텔링 마케팅 담당자를 위한 열 가지 가이드라인

　마지막으로 『신화창조의 비밀 스토리』에서 발췌한 스토리텔링 마케팅 담당자를 위한 열 가지 가이드라인을 소개합니다.

❶ 브랜드는 기업과 고객을 이어주는 실제적이면서 확실한 연결고리임을 기억하고 스토리텔링해라.
❷ 기본 줄거리나 플롯을 유지해라.
❸ 스토리를 전달하고 있다는 사실을 명심해라.
❹ 복잡한 메시지는 피해라.

❺ 캐릭터가 '좋은 스토리'와 '훌륭한 스토리'를 구분 짓는다는 것을 기억해라.
❻ 브랜드 가치를 전달해라.
❼ 브랜드 스토리의 시간 범위를 브랜드의 특징 및 성격과 연결해라.
❽ 모든 스토리가 재미있어지도록 해라.
❾ 브랜드는 가치를 전달하는 매개체가 되기도 하지만, 특징이나 성격을 전달한다는 것을 기억해라.
❿ 갈등을 확실하게 통제하고 관리해라.

당신의 표정이 매출을 결정한다

주인의 명랑한 표정

　전국 유명한 음식점을 방문하여 맛있는 음식을 먹으면서 주인의 얼굴을 살펴봅니다. 대부분의 음식점은 주인의 인상이 매우 밝아서 좋습니다. 음식점 컨설팅을 위해 처음 방문하여 주인의 인상을 살펴보면, 장사가 잘 되는지, 안 되는지 금방 알 수 있습니다. 정답이 주인의 인상에 쓰여 있기 때문입니다.

　장사가 안 되는 음식점에 가면 주인에게 다음과 같은 방법으로 돌려서 이야기를 합니다. 우선 찜질방에서 좀 쉬다오라고 합니다. 주인은 종업원을 못 믿어 자리를 비우고 싶어 하지 않지만, 오히려 찜질방을 다녀온 사이 매출이 훨씬 더 높아진 경우가 많습니다. 다음에는 동창회를 다녀오라고 합니다. 그동안 음식점 한다고 참석하지 못한 동창회에서 친구들을 만나고 왔더니 이번에도 오히려 매출이 20~30%나 향상되었다는 것입니다.

주인의 표정이 점점 더 밝아지기 시작하고, 음식점의 분위기가 바뀌기 시작합니다. 자연스럽게 매출도 오르기 시작합니다. '주인의 인상이 이렇게 중요하구나!' 하고 느낍니다.

존 티브스(John Thibus)의 주장에 따르면, 사람들은 처음 만날 때 상대방에 대해 호감을 느끼는 경우가 46%, 반감을 갖는 경우 32%, 그리고 무관심한 경우는 22%라고 합니다. 무려 54%인 절반 이상의 사람들이 처음 만난 상대에게 반감과 무관심을 보인다는 것은 사실 충격적입니다. 한 마디로 사람들은 한 번 만남으로는 큰 호감을 주고받지 못한다는 것입니다. 하지만 다행히 많은 학자들이 웃음과 유머를 통해 상대방의 감성을 자극하게 되면 호감도는 급격하게 상승된다고 합니다.

최고의 동기 부여가인 브라이언 트레이시(Brian Tracy)는 성공의 85%는 인간관계에 있고, 인간관계는 얼마나 잘 웃느냐에 의해 결정된다고 말합니다. 좋은 인간관계는 서로 얼마나 잘 웃고, 잘 웃기느냐에 달려있습니다.

미 프로야구 LA다저스의 토미 라소다(Tommy Lasorda) 감독은 '기분 좋은 소가 더 좋은 우유를 만든다!'는 철학으로 선수들을 이끌어 여러 번 최고의 결과를 이루어 냈습니다. 그는 어디에서나 즐거움과 흥이 있는 사람이 된다면, 사람과의 관계뿐만 아니라 좋은 결과를 만들어 낸다고 말합니다.

다음에 소개하는 세 가지를 기억하면 인생을 더욱 즐겁게 살 수 있습니다.

첫째, 오늘을 즐겨야 내일도 즐길 수 있음을 기억해라.

수박은 언제 따먹는 것이 가장 좋을까요? 바로 주인 없을 때입니다. 그럼 산삼은 언제 캐는 것이 제일 좋을까요? 주인 없을 때가 아니라 눈에 띄는 대로 캐야 합니다. 언제가 가장 행복해지기 좋을 때일까요? 정답은 '바로 지금'입니다. 오늘을 즐길 수 있고, 오늘 웃을 수 있는 것이 스스로 인생을 즐기면서 좋은 인간관계를 만드는 힘입니다. 오늘을 즐기는 자는 언제나 명랑하고 즐거운 표정을 지으면서 말을 합니다. 그리고 좋은 인간관계의 시작은 즐거움의 본질이 됩니다.

둘째, 사소한 즐거움을 크게 키워라.
현대그룹의 고 정주영 회장은 이렇게 말했습니다.
"내가 평생 새벽에 일찍 일어나는 것은 그날 할 일이 즐거워서 기대와 흥분으로 마음이 설레기 때문이다. 아침에 일어날 때의 기분은 소풍 가는 날 아침에 가슴이 설레는 것과 똑같다."
즐거움은 모든 것을 끌어당깁니다. 세상에 하찮은 일은 없습니다. 자신이 하찮게 일할 뿐입니다. 세상에 즐겁지 않은 일은 없습니다. 단지 내가 즐겁지 않을 뿐입니다. 즐겁게 일하면 저절로 웃음 띤 얼굴을 갖게 됩니다. 즐기는 일에 고독은 있지만, 고난은 없는 법입니다.

셋째, 항상 명랑한 이미지를 유지해라.
명랑한 사람을 보고 있으면 비결이 궁금하고, 닮고 싶은 강렬한 마음이 생깁니다. 명랑함은 그 자체로 사람의 마음을 끌어당깁니다. 포드사의 전설적인 최고 경영자로 30년 넘게 이름을 남긴 리 아이아코카(Lee Iacocca)는, 성공은 당신의 능력이나 지식에서 오는 것이 아니라 당신이 아는 사람들과 그들에게 비치는 당신의 이미지를 통해 찾아온다고 말했습니다. 어두운 이미지가 아니라 밝은 이미지를 가진다면 더 많은 기회의 문이 열릴 것입니다. 항상 조금 더 명랑한 표정을 지으면서 오늘을 즐기면, 인생을 더욱 즐길 수 있습니다.

요즘 음식점 운영하기가 너무 힘들어 혹시 우리의 표정이 일그러졌는지 거울 앞에 서서 자신의 모습을 보고 자신 있게 밝은 미소를 지어 봅시다.

필자가 가장 좋아하는 한자 숙어를 소개합니다.

> **七年之病求三年之艾(칠년지병구삼년지애)**
> → 7년 된 병에 3년간 말린 쑥을 구한다(맹자).
>
> 용한 한의사가 말하기를, "이보게, 젊은이! 3년 말린 쑥을 구해다가 그것을 달여 아버지에게 마시게 하면, 자네 아버지의 병은 씻은 듯이 나을 것이네." 아들은 3년 말린 쑥을 구하기 위하여 길을 떠났다. 어디에나 지천에 깔려 있는 것이 쑥인데, 그까짓 3년 말린 쑥이야 어디선들 못 구하랴 싶었다. 하지만 어느덧 5년의 세월이 가고 6년, 7년이 지났다. 3년 말린 쑥은 끝내 구할 수 없었고, 젊은이의 아버지 병세는 깊어졌고 결국 세상을 떠났다.

우리는 처음에 시작했던 마음으로 최선을 다하면 길이 보이는 데도, 새로운 길을 찾느라 시간을 허비하는 경우가 많습니다. 정답은 바로 내 자신에게 있습니다. 자신이 하고 있는 분야에서 3년만 최선을 다한다면 길이 보이는데, 우리는 너무나 쉽게 포기하고 뒤늦게 후회한다는 교훈을 주는 이야기입니다.

위의 그림을 뒤집어보세요. 아무리 힘들어도 오늘만은 가장 밝은 미소로 자신 있게 고객을 맞이할 준비를 해보십시오! 세상의 중심은 바로 당신입니다!

고객이 원하는 것

'맛', '청결', '서비스'가 음식점의 성공 비결의 기본이라는 것은 누구나 알지만, 이 평범한 기본을 제대로 지키는 곳이 얼마나 될까요?

얼마 전 청량리에 있는 유명 음식점에 식사하러 갔다가 깜짝 놀란 적이 있습니다. 가게 전체가 전혀 정리정돈되어 있지 않고, 집안 살림이 식당 안에 모두 노출되어 있었습니다. 게다가 '신발을 분실하면 책임지지 않습니다!'라는 경고문도 크게 붙여져 있었습니다. 정말 장사를 하겠다는 것인지, 안 하겠다는 것인지 알 수 없었습니다. 열심히 일하고 친절한 고깃집도 많지만, 아직도 이런 굴레를 벗어나지 못한 고깃집도 많은 것이 현실입니다.

창업을 희망하는 사람들이 가장 선호하는 업종이 바로 고깃집입니다. 평소 친숙하기도 하고, 비교적 고객층이 넓기 때문입니다. 그러나 현실에서의 결과는 너무나도 냉정합니다. 수십 년간 운영한 돼지갈빗집이 하루아침에 문을 닫는 것을 보면, 정말 고깃집이 만만한 장사가 아니라는 것을 쉽게 알 수 있습니다. 조리사로 근무하면서 고객 만족을 위한 서비스의 중요성을 절실하게 느끼며 3년 동안 고객일지를 쓰는 과정에서 고객이 진정 무엇을 원하는지를 알 수 있었습니다.

고객은 많은 것을 요구하지도 않고, 무리한 것을 요구하지도 않습니다. 약간의 관심, 그것만으로도 고객은 매우 만족한다는 사실을 기억해야 합니다. 실제로 고객을 대상으로 조사한 결과, 음식의 가격이 싸다고 해서 고객의 만족도가 높아지지 않는다는 것을 알 수 있습니다. 작은 차이가 매출에 엄청난 영향을 끼치면서 고깃집의 성패를 좌우하는 것입니다.

고객은 구매하는 상품과 서비스에 대해 다음과 같은 사항을 요구합니다. 주인은 이러한 요구 사항을 정확하게 파악해서 제공해야 합니다.

■ 상품에 대한 요구
- 나에게 맛있는 고기를
- 나에게 맞는 가격에
- 편리하게 주문하고
- 편안한 서비스를 이용하게 해 주며
- 내가 원하는 시간에 신속히 서빙해 주고
- 내가 원하는 결제 조건을 허용한다.

■ 서비스에 대한 요구
- 나는 바쁘고, 시간이 없기 때문에 고깃집에서 시간을 낭비하게 하지 말아라.
- 나를 기억하여 나에게 맞는 최적의 서비스를 제공해 달라.
- 나는 수시로 이동하기 때문에 언제, 어디서나 서비스를 받을 수 있도록 해 달라.
- 나는 우수 고객이기 때문에 차별화된 특별한 대우를 해 달라.
- 상품이나 서비스에 대한 객관적인 다양한 정보를 들려달라.
- 내가 궁금한 것을 언제든지 물어보게 해 달라.
- 편하고 싶은 나를 위해 고깃집이 알아서 잘 챙겨달라.

서비스가 사실 대단한 것 같지만 고객의 마음을 조금만 예측할 수 있다면, 쉽게 응대할 수 있는 기본 사항입니다. 필자는 OGM코리아 컨설팅에서 사업부장으로 재직하는 동안 전국의 수많은 음식점을 자문하면서 성공한 음식점과 실패한 음식점을 직접 볼 수 있었습니다. 그리고 우리나라 음식점의 새로운 발전 방향을 제시하면서 맛 중심에서 서비스 중심으로 변화한 것을 느꼈고, 서비스가 얼마나 중요한지를 알 수 있었습니다.

서비스는 1960년대 이후 서비스 경제화를 이룬 선진국의 학자들을 중심으로 서비스산업의 다양성과 이질성에 주요 원인을 두고 정의되었습니다. 특히 음식점에서의 서비스는 친절, 봉사를 바탕으로 고객의 부탁을 들어주는 것이었습니다. '서비스'라는 말이 갖는 분위기가 그다지 명예

롭지 못하다는 인식이 있었던 것도 사실입니다. 흔히 서비스업이라면 다방, 술집, 호텔 등에서 대인과 접촉하면서 고객에게 봉사한다는 면도 있습니다. 이것은 '봉사'라는 것이 대등한 관계에서의 배려라기보다 몸종같이 봉사한다는 느낌을 갖기 때문입니다.

우리는 우선 서비스에 대해 어떤 인식을 하느냐가 중요합니다. 전통과 신념, 전문 지식이 서비스 지향을 방해하는 경우가 많습니다. 얼마 전까지만 해도 사람들은 '서비스'를 사회적 지위가 낮고, 할 만한 가치가 없는 행위라고 생각하기도 했습니다. 하지만 지금은 어떤가요? 모든 기업의 생존 조건이 서비스라고 해도 과언이 아닐 만큼 모두가 서비스 중심으로 바뀌고 있습니다. 그러므로 자기가 운영하는 작은 고깃집이라도 이제는 서비스 중심의 사고로 빨리 변화해야 경쟁 점포보다 앞서갈 수 있습니다. 진정한 서비스란, 주인의식을 갖고 귀한 고객을 맞이하는 마음가짐으로 기쁨과 만족감을 고객에게 선사하는 것입니다.

서비스의 출발

필자는 우리 음식점만의 서비스 원칙을 만들고, 그에 대해 반드시 매일 아침 조회와 오후 조회 때 직접 종업원들을 교육하고 이야기 나누는 것을 가장 중요하게 생각합니다. 어떤 음식점은 아침 조회를 시작하면서 매출이 20~30%나 향상되었다고 합니다.

홍대 부근의 한 일본 음식점에서는 모든 종업원들이 목소리가 터지도록 "어서 오십시오!"를 외치면서 신나는 음식점을 만들어가고 있는 모습을 본 적이 있습니다. 그리고 당연히 그 가게는 항상 손님들로 북적이고 있었습니다.

1 점포만의 개성 만들기

우리 점포만의 테마를 찾거나 만들어 반드시 고유의 테마를 가져야 합니다. 테마가 있는 음식점은 살아있는 것 같습니다. 다음은 필자가 추천하는 테마입니다.

첫 번째 테마는 '고향'입니다.

음식점에서 '고향'이라는 따뜻한 테마를 느낄 수 있다면, 고객은 생각 이상으로 감동을 받습니다. 어렵게 생각하지 마세요. 쉽게 생각하면 고향에서 올라온 김치가 있고, 시골 냄새가 듬뿍 나면서 비계가 들어간 돼지고기 김치찌개만으로도 충분합니다.

두 번째 테마는 '자연'입니다.

우리 점포에 어울리는 '자연'은 무엇일까요? 예를 들면 김장철에 구하기 쉬운 무청을 점포 주변에 매달아 놓고 자연의 냄새를 물씬 풍기게 하는 방법이 있습니다.

세 번째 테마는 '축제 분위기 연출'입니다.

음식점에 축제 분위기를 연출하는 것은 그리 어렵지 않습니다. 필자가 직접 본 음식점 안 축제 분위기 연출은 고기에 브랜디를 부어 불을 붙이는 플람베(flambee)를 하거나, 3년 묵은 특별한 소금을 고기에 뿌려 직접 고객들이 구워 먹게 하여 축제 분위기를 연출하는 방법이 있었습니다.

성공과 실패의 차이는 큰 것이 아니라 작은 것에서 나타납니다. 작은 것을 오늘 당장 실천하는 사람만 성공한다는 것이 중요합니다. 망설임보다는 실천으로 옮겨 행동하는 것이 가장 중요합니다.

2 인사의 모든 것

서비스의 출발은 바로 인사입니다. 고객과 만나는 첫걸음이자, 고객에 대한 마음가짐의 외적 표현이며, 자신의 교양과 인격의 표현이 바로 인사 예절입니다. 음식이 맛있어지는 비법은 다름 아닌 친절한 서비스입니다.

① 인사의 종류

테마와 함께 중요한 것 중의 하나는 바로 인사예절입니다. 인사는 구부리는 허리의 각도에 따라 구분되는데, 일반적으로 15~45도 사이에서 상대방과 상황에 따라 적절히 활용해야 합니다. 인사에는 정중한 인사, 보통 인사, 가벼운 인사, 그리고 목례가 있습니다.

종류	속도	각도	상황
정중한 인사	• 하나, 둘 – 구부림 • 셋 – 멈춤 • 넷 – 폄	45도	• VIP • 사과할 때
보통 인사	• 하나 – 구부림 • 둘 – 멈춤 • 셋 – 폄	30도	일반 고객
가벼운 인사	• 하나 – 구부림 • 둘 – 폄	15도	• 장소의 제약을 받을 경우 • 동료 사이
목례	간단하게 눈인사를 나눔	5도	• 전화를 받고 있는 경우 • 짐을 들고 있을 때

② 인사 자세

인사는 마음가짐에서 나옵니다. 따라서 마음가짐을 바르게 하고 공손한 자세로 인사해야 합니다.

신체 부위	인사 자세
손	• 남자 – 손을 가볍게 쥐고 엄지를 바지 재봉선 위에 댄다. • 여자 – 오른손으로 왼손 등을 감싸서 아랫배에 가볍게 댄다.
발	발뒤꿈치를 붙이고 앞쪽은 15도로 벌린다.

신체 부위	인사 자세
머리·허리	허리에서 머리까지 일직선을 유지하고 턱을 안쪽으로 당긴다.
시선	고개를 숙이기 전에 먼저 고객과 웃음 띤 눈으로 시선을 마주치고, 인사가 끝난 후에도 다시 고객과 웃음 띤 눈으로 시선을 마주친다.
다리	무릎은 곧게 펴서 붙이고, 양다리에 적당히 힘을 주어 인사할 때 몸의 균형을 유지한다.
엉덩이	힘을 주어 엉덩이가 뒤로 빠지지 않도록 한다.
정지 자세	허리를 굽힌 상태에서 잠시 정지 자세를 갖는다.

③ 고객에게 호감을 주는 인사 요령

다음과 같은 방법으로 인사하면 고객에게 호감을 줄 수 있습니다.

친근감과 환영의 표시를 위해서는 고객에게 한두 발 다가서면서 인사합니다. 관심의 표시로는 고객과 먼저 눈인사를 한 후 인사합니다. '솔'음으로 경쾌하게 발음하며 인사하는 것은 상냥함의 표시이며, 인사할 때 반드시 정지 자세를 유지하는 것은 정중함의 표시입니다. 하다가 마는 인사나 아무런 동작 없이 말로만 하는 인사 또는 말없이 고개만 꾸벅이는 인사는 역효과만 가져옵니다. 환영 인사보다 환송 인사가 더욱 중요하므로 정중한 환송 인사로 서비스를 마무리합니다.

④ 우리 점포만의 일곱 가지 용어

그들은 왜 목이 아플 정도로 큰소리로 외쳐대는 것일까요? 다시 한번 생각하면서 다같이 외쳐봅시다.

"안녕하십니까?", "실례합니다!", "감사합니다!", "네, 잘 알겠습니다!", "잠시만 기다려주십시오!", "죄송합니다!", "안녕히 가십시오!"

⑤ 좋지 않은 인사

망설임이 느껴지는 인사, 하다가 그만두는 형식적인 인사, 동작 없이 말로만 하는 인사, 인사말 없이 목만 까딱이는 인사, 미소가 없는 무표정한 인사, 고객을 보지 않고 하는 인사입니다.

• 정중한 인사

• 보통 인사

• 가벼운 인사

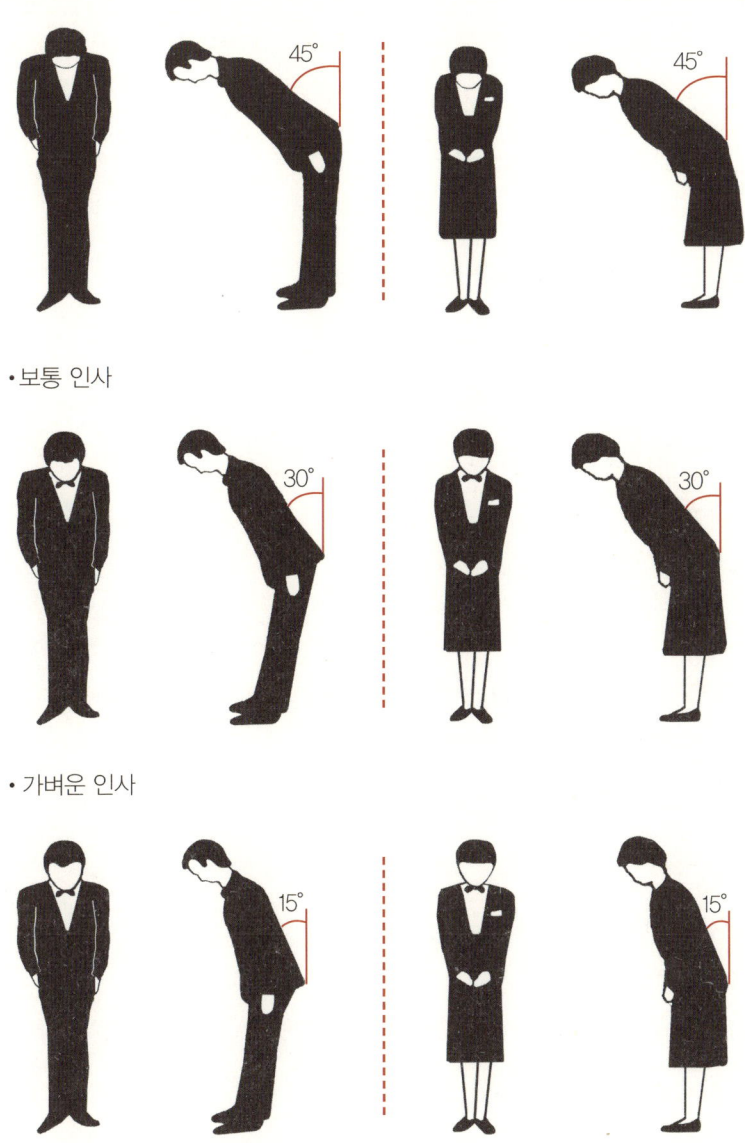

사례로 살펴본
몽실식당 서비스 운영 매뉴얼

서비스 운영 매뉴얼
목 차

- 몽실식당의 근무수칙과 서비스 요령
- 서비스란 무엇인가?
- 9단계 서비스의 기본 요령
- 서비스 제공시 유의 사항
- 복장과 몸가짐 체크 리스트
- 남성의 몸가짐
- 여성의 몸가짐
- 예의 바른 인사가 서비스의 출발
- 보이지 않는 예절, 전화 응대
- 전화 응대의 기본 요령
- 전화 응대의 예
- 언어 사용에 유의하기
- 올바른 호칭
- 보행(이동) 자세
- 위생 체크 사항
- 위생 관리 방법
- 기본 안전 대책
- 기본 규칙 및 준수 사항

몽실식당의 근무수칙과 서비스 요령

● 몽실식당 가족 여러분에게 드리는 말씀 ●

몽실식당 가족으로 함께 일하게 된 것을 진심으로 환영합니다. 이제부터 우리 모두가 갖추어야 할 자세와 지켜야 할 규칙, 프로페셔널 서비스 정신 등에 대하여 이 핸드북에 적힌 내용을 충분히 이해하고 기억해 주시기 바랍니다.

서비스의 목적은 고객에게 최고의 만족을 제공하기 위한 것인데, 이것은 곧 음식의 맛과 양, 친절, 그리고 청결 유지에서 비롯됩니다. 이들 세 가지 요소는 여러분 전체의 팀워크에 바탕을 두고 외식의 수준뿐만 아니라 개인까지 발전시킬 것입니다.

우리는 아마추어가 아니라 프로 서비스 집단입니다. 프로에게는 실수나 응석이 통하지 않으며, 철저한 자기 책임만 따를 뿐입니다. 그러므로 자기 책임을 다하고, 상대방의 인격을 존중하며, 개인의 성장과 발전을 중시하는 우리 음식점의 전통을 여러분 한 사람 한 사람이 창조하여 즐겁고 보람 있는 일터로 다 함께 만들어 봅시다.

● **나를 행복하게 하는 열 가지** ●

1. **건강** 건강하지 못하면 이 세상 모든 것이 끝나버린다.

2. **가정** 나에게 가장 소중한 것이며, 인생의 전부이기도 하다.

3. **나의 분신들** 그들이 편안하게 잠자는 모습을, 적어도 하루에 한 번 이상은 바라보라. 나의 가장 소중한 분신이며, 인생의 보람이다.

4. **일하는 즐거움** 세상에 이것보다 더 중요한 것은 없다. 하루 24시간 중에서 나와 함께 시간을 보내는 나의 동료만큼 가까운 존재는 없다.

5. **돈** 이것이 없으면 불편하다.

6. **내일에 대한 기다림** 이것이 있어서 나는 오늘의 역경과 어려움을 견딜 수 있다.

7. **나는 할 수 있다는 자신감** 이것이 있어서 활기찬 오늘이 있다.

8. **나는 항상 나의 성장을 위하여 노력한다.** 교양은 저절로 얻어지는 것이 아니다.

9. **나는 항상 매사에 감사한다.** 감사하는 마음만큼 세상을 밝게 하는 것은 없다.

10. **나는 늘 약한 자의 편이다.** 정의의 편에 서서 옳고 그름을 판단한다.

● 몽실식당의 5대 정신 ●

1. 우리는 언제나 맛있고 위생적인 음식을 고객에게 제공하기 위하여 최선을 다한다.

2. 우리는 언제나 최선의 서비스로 고객을 위하여 봉사하고, 고객의 기쁨을 우리의 기쁨으로 생각한다.

3. 우리는 언제나 잘 정돈되고, 반짝반짝 빛나며, 습기 없이 청결한 점포의 환경을 유지하기 위하여 최선을 다한다.

4. 우리는 모든 난관에 도전하는 정신으로 어려움을 극복하고, 긍정적인 사고로 외식업계를 선도해 나간다.

5. 우리는 심신의 건강 유지에 최선을 다하고 자기 발전과 회사의 발전에 앞장선다.

Q.S.C의 중요성
- Quality(맛있는 음식)
- Service(친절한 서비스)
- Cleanness(청결한 점포 환경)

고객 만족은 위의 세 가지 원칙이 모두 갖추어졌을 때 이루어진다. 그러므로 이것을 항상 연구하고 숙지하여 고객에게 최선을 다한다.

● 일상 서비스에서 사용하는 언어 ●

1. 어서 오세요.

2. 네, 알겠습니다.

3. 잠시 기다려 주세요.

4. (늦어서) 죄송합니다.

5. 천천히 즐겁게 드세요.

6. 실례하겠습니다.

7. 고맙습니다.

8. 안녕히 가십시오.

- 고객에게 인사할 때는 항상 일손을 중지한 후에 인사하자.

- 점포 안팎에서의 친절한 인사는 음식점 전체를 친절하고 신선한 업소로 만든다.

- 여러분 한 사람 한 사람이 음식점의 이미지를 결정한다. 음식점의 대표 선수요, 사장이라는 마음가짐으로 행동하자.

- 행동이 습관을, 습관이 운명을 결정한다.

● **우리가 가져야 하는 마음가짐과 자세** ●

1. 정확한 인사가 즐거운 직장을 만든다.

2. 고객에게는 사원, 아르바이트의 구분이 없다.

3. 근무 시간은 고객과 점포가 당신을 필요로 하는 시간이며, 개인적인 용무로 사용할 수 없다.

4. 멋쟁이는 청결한 몸가짐이 우선이다.

5. 비품과 소모품도 점포의 재산이며, 돈의 일부이므로 소중히 사용하자.

6. 상사로부터 지시받은 사항은 확실히 실행하고, 그 결과를 보고해야 임무가 종결된다.

7. 당신의 급료는 사장이 아니라 고객이 주는 것이다.

8. 당신은 업소의 대표선수이다. 고객은 당신을 보고 업소를 평가한다.

9. 일은 한 사람이 하는 것이 아니라 팀워크로 하는 것이다. 서로 협조하자.

10. 외식산업에서 일하는 것은 사회에 공헌하는 일이다. 긍지를 갖자.

서비스란 무엇인가?

　수많은 점포 중에서 우리 점포를 찾아온 고객에게 감사하는 마음으로 서비스에 임하며, 고객이 만족하고 돌아가도록 세세한 부분까지 신경을 쓴다. 음식점에서는 20% 단골이 80% 매출을 담당할 만큼 중요하다.

- **'또 오고 싶다'라는 생각이 들게 하는 조건**
    ① 청결한 몸가짐
    ② 정성스러운 말
    ③ 밝고 활기찬 행동
    ④ 먼지 하나 없이 깨끗한 점포의 안팎
    ⑤ 친절하되, 자신감 넘치는 젊음의 활기

- **철저한 호스피탤러티(hospitality, 친절한 접대)**

　예의 바르고 친절하되, 마음속으로부터 감사의 정이 우러나야만 고객은 여러분의 서비스에 만족한다. 고객이 있기 때문에 나와 월급이 있다는 것을 기억하고 행동해야 한다.

- **일에 임하기 전의 주의사항**
    ① 유니폼을 갈아입고 나서 머리 끝에서 발끝까지 복장을 점검한다.
    ② 거울 앞에서 미소 짓는 연습을 한다.
    ③ 타임카드를 체크한다.
    ④ 비누를 사용하여 깨끗하게 손을 씻는다.

9단계 서비스의 기본 요령

다음의 내용을 그대로 반복하는 것을 '정형 서비스'라고 한다. 정형화된 언어와 동작을 익혀 고객에게 좋은 인상을 주어야 한다.

단계	사용 표현	동작	주의점
1단계 대기	동료와 잡담하지 않는다.	• 정해진 장소에서 대기한다. • 입구쪽을 보면서 편안한 자세로 의자에 앉거나 기둥 벽에 기대면 안 된다. • 등을 펴고 턱을 당기면서 손을 가볍게 앞으로 모은다.	• 고객이 언제 오더라도 곧 마음으로 환영을 나타낼 수 있는 태도를 유지한다. • 몇 번 테이블, 몇 번 좌석이 비었는지 기억한다.
2단계 환영과 안내	• "어서 오세요!"라고 밝은 미소로 생기 있게 인사한다. • "몇 분이십니까?"라고 인원수를 확인한다. • "자, 이쪽으로!"라고 진심으로 환영의 뜻을 담아 말한다. • "저희 업소는 라운드 테이블이 자랑입니다. 사용하여 보시기 바랍니다."	• 한 걸음 앞으로 나와 가볍게 머리를 숙여 (15도) 인사한다. • 손은 가지런히 옆으로 놓고, 손가락도 가지런하게 놓는다. • 고객의 두세 걸음 앞에 비스듬히 서서 좌석까지 안내한다.	• 바른 자세와 마음으로 환영하는 뜻을 나타낸다. • 고객에게 맞는 자리를 안내한다. • A 테이블의 입구에서부터 채우기 시작하고, A 테이블이 완전히 차면 B 테이블로 안내한다. 개별적 모임이나 예약은 C 테이블로 안내한다.
3단계 처음 온 고객에 대한 서비스	"저희 업소를 찾아주셔서 대단히 고맙습니다."	• 테이블의 한 발짝 앞에서 발꿈치를 모으고 가볍게 인사한다(15도). • 물을 반드시 갖다 드린다.	테이블에 메뉴판을 갖춰 놓는다.

단계	사용표현	동작	주의점
4단계 주문받기	• "주문을 받겠습니다."라고 정중하게 말한다. • "주문 확인하겠습니다. ~ 몇 개와 ~ 몇 개입니다."라고 확실히 복창한다. • "네, 알겠습니다. 잠시 기다려 주세요."라고 감사한 마음을 담아 주문을 받는다.	• 전표에 주문 내용을 기입한다. • 고객의 눈을 보면서 대답을 기다린다(복창한 후).	• 반드시 주문 품목과 수를 확인한다. • 테이블 번호를 바로 전표에 기입한다.
5단계 조리장에 전표 넘기기	"부탁합니다."	주문 내용을 확실하게 말하고 전한다.	또렷하고 시원스럽게 말한다.
6단계 음식 제공	• "오랫동안 기다리셨습니다." • "이것으로 주문하신 요리가 모두 나왔습니다."라고 말하며 확인한다. • "천천히 맛있게 드세요."	• 조용히 소리 내지 않고 상품을 제공한다. • 최후의 상품을 제공한 후 반드시 확인한다. • 전표는 뒤집어서 테이블의 중앙에 놓는다.	• 따뜻한 요리는 따뜻하게, 찬 요리는 차게 하여 신속히 제공한다. • 요리는 제공하기 전에 반드시 접시를 체크한다. • 요리를 잘못 제공하지 않도록 반드시 주문을 기억한다. • 요리가 다 나왔으면 고객에게 확인한다.
7단계 중간 서비스 (식사 중)	• "실례합니다. 치워도 되겠습니까?" • "더 필요한 것은 없으십니까?"	• 빈 병과 식기 등을 치운다. • 추가 주문을 묻는다 (음료, 요리 등).	• 다 마셨거나 식사가 끝났으면 반드시 고객에게 허락을 받고 치운다. • 물은 컵의 ⅓이 되기 전에 다시 따른다.
8단계 치우기	고객이 자리를 뜨면 바로 치운다. 모두 나간 후에 남아있는 사람이 있으면 "실례합니다. 치워도 되겠습니까?"라고 반드시 묻는다.	• 테이블의 아래도 깨끗이 쓸고 닦는다. • 식기를 정돈한다. • 식기를 주방의 세척기 안으로 나른다. • 테이블을 다시 세팅한다.	• 고객의 분실물이 있는지 반드시 체크한다. • 신속한 행동은 점포의 분위기를 좋게 한다. • 청결이 제일이다. 눈에 보이는 대로 누구라도 먼저 치운다.

단계	사용표현	동작	주의점
9단계 전송	• "감사합니다. 안녕히 가십시오." 진심으로 감사하는 마음으로 전송한다. • 마음으로 감사하며, 고객이 보이지 않을 때까지 인사의 자세를 계속 유지한다. • 마음에서 우러나오는 정성스런 인사를 고객이 보이지 않을 때까지 계속한다면 고객은 당신과 우리 점포에 감동할 것이다. 그리고 그것은 곧 당신의 인격이 될 것이다.	카운터 근처까지 가서 감사하는 마음으로 인사한다(15도).	'이곳에 다시 오고 싶다.'라는 생각이 들도록 고마운 마음으로 성의 있게 고객을 전송한다.
기타 상황	• 만석일 경우	• "자리가 나는 대로 안내해 드리겠습니다. 잠깐만 기다려 주십시오." (어느 곳이 가장 빨리 정리될 것인지를 빠르게 판단한다) • "잠시 기다리십시오." • "오래 기다리셨습니다." • "안내해 드리겠습니다." • 대기석으로 안내하고 안내표를 준 후 잡지·신문을 준비하여 고객의 기다리는 시간을 최대한 배려한다.	
	• 계산 중 새로운 고객이 온 경우	• "어서 오세요. 안내해 드리겠으니 잠시 기다려 주세요." • "○○○씨 부탁합니다."	

서비스 제공시 유의 사항

당신이 항상 염두에 두어야 할 것은 고객에 대한 감사의 마음과 당신의 상냥하고 밝은 미소, 그리고 친절한 태도이다. 이것이 가능해야 비로소 자연스럽게 인사를 할 수 있고, 고객도 기분 좋게 맛있는 식사를 즐길 수 있다.

■ 이것이 고객을 편안하게 한다

당신이 잘못하지 않은 경우에도 고객의 불만이 생길 수 있다. 이 경우 기분 좋은 일이 아니지만, 고객이 다시 방문할 수 있도록 친절하게 불만을 해소시켜 준다.

고객의 불만에 대응할 때는 다음과 같은 마음가짐을 갖는다.
① 고객에게 변명하거나 불평하지 않는다.
② 고객이 말하는 것을 마지막까지 주의 깊게 성실한 태도로 듣는다.
③ 일단 처리한 후에 신속히 점장에게 어느 고객이 어떤 불만을 말했는지 구체적으로 보고한다.

■ 이런 때는 어떻게 할까요?

1. 실수로 음식을 잘못 제공한 경우

"정말 죄송합니다. 곧 새로 만들어 드릴 테니 잠시만 기다려 주세요."라고 한다. 필요 없다고 하면 "대단히 죄송하게 됐습니다."라고 한다. 전표에 선을 긋고 담당자가 사인한다.

2. 이물질이 들어간 경우

"정말 죄송합니다. 충분히 주의하여 조리하고 있으나, 실례했습니다.", "새로 만들어 드릴 테니 잠시 시간을 주십시오." 필요 없다고 하면 전표에 선을 긋고 담당자가 사인한다.
먹고 있을 때라면 "바꿔드릴 테니 잠시만 기다리세요. 실례했습니다."라고 말하고, 다 먹었을 때 "계산에서 빼 드릴 테니 양해해 주세요. 실례했습니다."라고 다시 사과한다. 사후 처리로 점장도 반드시 사과한다.

복장과 몸가짐 체크 리스트

식당을 찾아주신 고객의 눈에 가장 먼저 보이는 것은 종업원의 복장과 몸가짐이다. 그러므로 이 점을 유의하여 산뜻하고 깨끗한 모습으로 고객을 맞이해야 한다.

근무장으로 나가기 전에 반드시 거울 앞에 서서 복장을 고치고 용모를 점검하는 습관을 가져야 한다. 동료의 복장이나 태도에 어색하고 보기 흉한 점 등이 있으면, 즉시 서로에게 주의를 주어 고치는 습관을 갖는 것도 바람직한 일이다. 그리고 마음에서 우러나오는 감사의 마음을 나타내기 위하여 매일 아침에 거울 앞에서 미소 짓는 연습을 반복해야 한다.

■ 남성 체크 포인트

1. 제복

   ① 항상 청결하고 다림질 선이 살아있는 제복을 착용한다. 무릎이 나오는 바지 등을 착용하는 것은 금물이다.
   ② 단추가 떨어져 있는지, 바느질이 터진 곳이 있는지 등을 세심하게 주의해야 한다.
   ③ 제복을 착용하기 전에 반드시 전체적으로 살펴본다. 먼지나 비듬 등이 묻어 있으면 서비스맨으로서 실격이다.
   ④ 주머니에는 반드시 필요한 것이 아니라면 넣지 않는다. 주머니가 볼록하면 보기 좋지 않다.
   ⑤ 만년필이나 볼펜은 반드시 안쪽 주머니에 넣어야 하고, 바깥쪽 주머니에는 꽂지 않는 것이 좋다.
   ⑥ 명찰은 정해진 위치에 비뚤어지지 않게 똑바로 단다.

2. 와이셔츠

   ① 항상 청결하고 주름이 없게 다림질이 잘되어 있어야 한다.
   ② 흰색 와이셔츠를 착용한다.

3. 구두

   ① 검은색 단화가 원칙이고, 장식이 많이 달린 복잡한 디자인의 구두는 착용을 금한다. 구두는 언제나 잘 손질하여 깨끗이 준비해 둔다.
   ② 구두 뒤축이 닳았거나 구두끈이 느슨해진 상태는 좋지 못한 인상을 주므로 유의해야 한다.

4. 양말

   검은색 및 어두운 남색 등의 무난한 색깔을 선택하고, 화려한 색상은 피한다.

5. 얼굴
   ① 매일 아침 단정하게 면도한다. 콧수염도 주의하여 자주 자른다.
   ② 향이 강한 화장품은 사용하지 않는다.

6. 두발
   ① 짧게 자른다. 장발과 파마는 엄격하게 금한다.
   ② 항상 머리를 감아 청결하게 하고, 향이 강한 포마드와 향유 등은 사용하지 않는다.
   ③ 자주 빗질을 하여 깨끗하고 가지런한 상태를 유지한다.

7. 손과 손톱
   ① 손은 항상 청결하게 씻는다.
   ② 손톱은 짧게 깎는다. 손톱 밑에 때가 끼거나 새끼손가락의 손톱을 기르는 것은 금물이다.

8. 입 냄새
   입 냄새에 주의한다. 식후에는 반드시 이를 닦고 입 안을 헹군다. 사물함에 칫솔과 치약을 비치한다.

■ 여성 체크 포인트

1. 제복
   ① 항상 청결하고 다림질 선이 살아있는 제복을 착용한다. 소매 끝이나 깃 등이 더러운 것은 금물이다.
   ② 단추가 떨어져 있는지, 바느질이 터진 곳이 있는지 등 세심하게 주의해야 한다.
   ③ 회사의 표준 지침을 지켜 유행에 따라 스커트의 길이를 올리고 내리는 것은 허용하지 않는다.
   ④ 명찰은 정해진 위치에 비뚤어지지 않게 똑바로 단다.

2. 액세서리
   ① 귀걸이, 목걸이, 반지, 팔찌 등 액세서리는 근무 도중에 일체 착용하지 못하고, 고급시계 착용도 금한다.
   ② 결혼반지 또는 약혼반지는 검소한 범위 내에서 허용한다.

3. 구두
   ① 검은색 구두가 원칙이고, 장식이 많이 달린 복잡한 디자인의 구두는 착용을 금한다.
   ② 언제나 깨끗하게 닦아서 신는다.

4. 스타킹
   ① 살색에 가까운 것을 선택하고, 너무 화려한 색상은 피한다.
   ② 스타킹이 흘러내리거나 줄이 나간 것은 보기 좋지 않으므로 주의해야 한다. 만일에 대비하여 갈아 신을 수 있게 여분의 스타킹을 사물함에 준비해 둔다.

5. 얼굴(화장)
   ① 밝고 건강한 화장이 최고이다. 야하거나 짙은 화장은 삼간다.
   ② 아이섀도, 아이라인은 자연스럽게 약간만 한다. 그리고 인조 속눈썹은 붙이지 않는다.
   ③ 립스틱은 자연스러운 색깔로 바르고, 너무 흐리거나 짙은 색깔은 피한다.
   ④ 향이 강한 화장품은 사용을 금한다.

6. 두발
   청결하고 활동하기 좋아야 하며, 머리카락이 길어서 얼굴로 흘러내리면 보기에 좋지 않으므로 단정하게 묶거나 짧게 손질한다.

7. 손과 손톱
   ① 손은 항상 청결하게 씻는다.
   ② 손톱은 짧게 깎는다. 손톱 밑에 때가 끼거나 긴 손톱은 금물이다. 매니큐어를 사용할 때는 자연스러운 색이나 연한 색을 선택하고, 튀는 색상은 피해야 한다.

8. 입 냄새
   입 냄새에 주의한다. 식후에는 반드시 이를 닦고 입 안을 헹군다. 사물함에 칫솔과 치약을 비치한다.

남성의 몸가짐

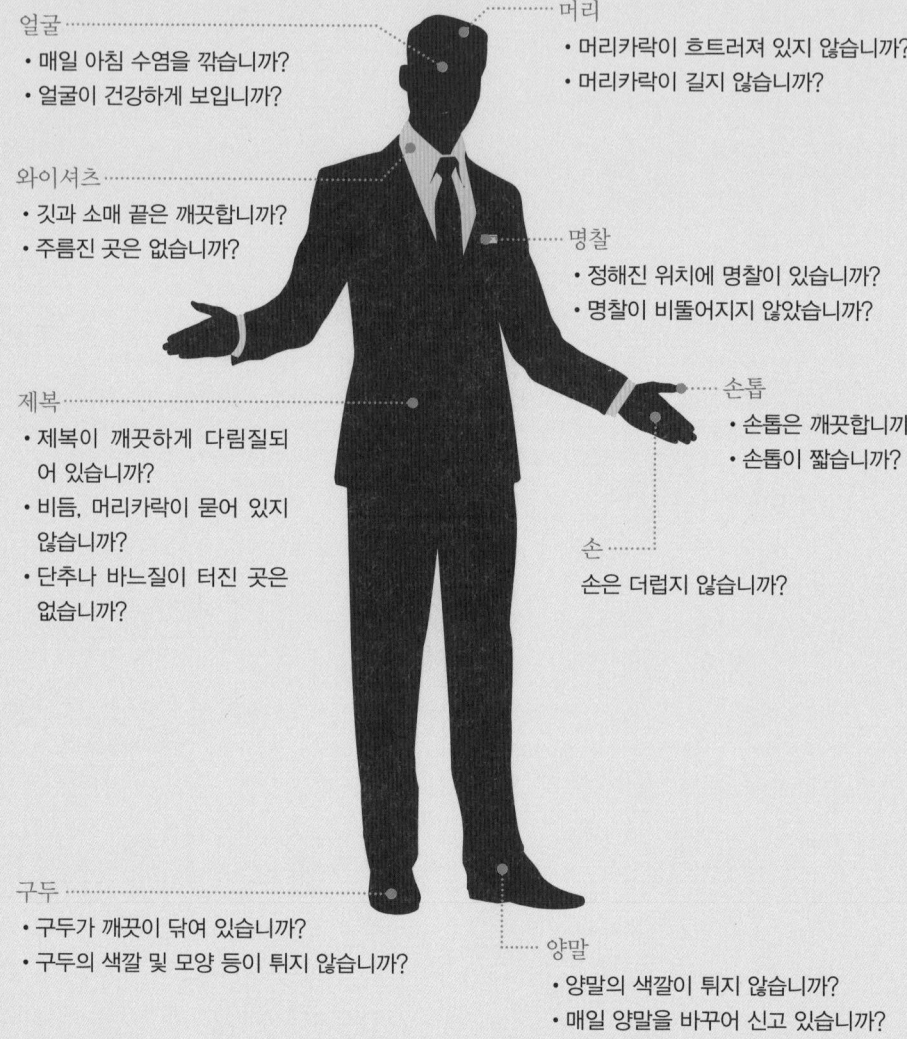

얼굴
- 매일 아침 수염을 깎습니까?
- 얼굴이 건강하게 보입니까?

와이셔츠
- 깃과 소매 끝은 깨끗합니까?
- 주름진 곳은 없습니까?

제복
- 제복이 깨끗하게 다림질되어 있습니까?
- 비듬, 머리카락이 묻어 있지 않습니까?
- 단추나 바느질이 터진 곳은 없습니까?

머리
- 머리카락이 흐트러져 있지 않습니까?
- 머리카락이 길지 않습니까?

명찰
- 정해진 위치에 명찰이 있습니까?
- 명찰이 비뚤어지지 않았습니까?

손톱
- 손톱은 깨끗합니까?
- 손톱이 짧습니까?

손
손은 더럽지 않습니까?

구두
- 구두가 깨끗이 닦여 있습니까?
- 구두의 색깔 및 모양 등이 튀지 않습니까?

양말
- 양말의 색깔이 튀지 않습니까?
- 매일 양말을 바꾸어 신고 있습니까?
- 양말이 흘러내리지 않았습니까?

여성의 몸가짐

머리
- 긴 머리는 깔끔하게 묶고 있습니까?
- 머리카락이 흐트러져 있지 않습니까?

제복
- 제복이 깨끗하게 다림질되어 있습니까?
- 어깨에 비듬이 묻어있지 않습니까?
- 단추나 바느질이 터진 곳은 없습니까?

화장
- 화장이 진하지 않습니까?
- 얼굴이 건강하게 보입니까?

손톱
- 손톱은 깨끗합니까?
- 손톱이 짧습니까?
- 매니큐어의 색은 자연스럽습니까?

손
깨끗하게 비누로 손을 닦았습니까?

명찰
- 정해진 위치에 명찰이 있습니까?
- 명찰이 비뚤어지지 않았습니까?

구두
- 구두가 깨끗이 닦여 있습니까?
- 구두의 색깔 및 모양 등이 튀지 않습니까?

양말
- 양말의 색깔이 튀지 않습니까?
- 매일 양말을 바꾸어 신고 있습니까?
- 양말이 흘러내리지 않았습니까?

예의 바른 인사가 서비스의 출발

■ 만점 인사 예절의 체크 리스트

• 인사는 예절의 기본이며, 인간관계의 시발점이다.

• 인사는 인간사회 윤리 형성의 기본이며, 직장인에게는 애사심의 출발이다.

• 인사는 상사에게는 존경심의 표현이고, 동료 간에는 우애의 상징이며, 고객에게는 서비스를 바탕으로 한 장인정신의 표현이면서 자신의 인격과 교양이 밖으로 표현된 것이다. 그러므로 정성과 감사하는 마음으로 예의 바르고, 정중하며, 밝고, 상냥하게 인사해야 한다.

• 인간관계는 예의로 시작해서 예의로 끝난다. 점포의 안팎 어디서나 ○○○의 종업원임을 의식하자.

■ 인사 요령

1. 인사의 기본

    허리는 깊이 구부리면 깊이 구부릴수록, 오래 구부리면 오래 구부릴수록 정중하다.

2. 인사의 종류와 대상

    인사는 보통 일반 고객에게 하는 보통례, 고객과의 거리가 짧거나 음식점 밖에서 고객 또는 동료 간에 하는 반절, 고객에게 잘못을 사죄할 때 하는 최경례가 대표적인 인사의 종류이다.

3. 인사 방법과 유의사항

항목 \ 종류	최경례	보통례	반절
속도	• 하나, 둘 – 구부림 • 셋 – 멈춤 • 넷, 다섯 – 폄	• 하나 – 구부림 • 둘 – 멈춤 • 셋 – 폄	• 하나 – 구부림 • 둘 – 폄
각도	45도	30도	20도
시선	발 1m 전방	발 2m 전방	발 5~6m 전방
양손의 위치	• 남자 – 손을 편 채로 엄지를 감싸서 바지 재봉선에 댄다. • 여자 – 왼손으로 오른손을 감싸서 아랫배에 가볍게 댄다.		
발	뒤꿈치를 붙이고 앞은 30도로 벌린다.		
표정	가벼운 미소를 짓는다.		
기본 자세	허리에서 머리까지 일직선을 유지한다.		
인사말	"안녕하십니까?" 등의 인사말은 1초 동안 구부린 상태에서 한다.		
다리	곧게 펴고 무릎을 붙인다.		
엉덩이	엉덩이가 뒤로 빠지지 않게 한다.		
주의	눈을 치켜뜨지 않는다.		
태도	• 고객이 점포를 찾아주는 것에 마음속 깊이 감사의 마음을 갖는다. • 고객이 있어서 내가 있고, 나의 생활이 보장되는 것이다.		

현관이나 1층 입구에서 고객을 만나면 목례와 함께 "어서 오세요!", "감사합니다!"라고 말하고, 협력업체 사람에게는 "수고 많으셨습니다!", "감사합니다!"라고 인사한다. 거래업자 및 납품업자도 주요 고객이며, 우리를 도와주는 중요한 협력자이다. 따라서 예의 없는 태도는 피해야 한다.

동료 간에는 출근해서 만났을 때 "안녕하세요!"하고 먼저 인사하면 좋다. 상대가 먼저 인사하면 얼굴을 보고 미소로 답한다. 근무할 때는 시원시원하고 또렷하게 말하고, 두 번 질문하지 않게 한다. 사장이나 동료에게 부탁을 받았다면 "네, 알았습니다."라고 대답한 후 상대방을 이해하며 성실하게 임한다. 반대로 부탁할 때도 "부탁합니다."라고 정중하게 말한다.

퇴근할 때는 "수고 많으셨습니다!"(근무 중인 사람), "먼저 실례하겠습니다!"(먼저 퇴근하는 사람)라고 인사한다. 단 고객이 있는 영업장에서는 목례만 하여 고객이 종업원의 퇴근을 눈치채지 못하게 한다.

보이지 않는 예절, 전화 응대

- 전화에서 들리는 우리의 언어 사용과 음성만으로 식당의 이미지가 결정될 수 있다.
- 고객이 눈앞에 서있다고 생각하고 또렷또렷한 말소리로 밝게 응대한다.
- 직접 대화하는 경우에는 부족한 말을 표정이 보충해 주지만, 전화는 상대의 표정이 보이지 않으므로 언어 사용과 표현만이 의사소통의 유일한 수단이 된다.
- 통화할 때는 항상 공손하고 완벽한 언어를 사용해야 하며, 통화 태도는 더욱 정중하고 친절해야 한다.

전화 응대의 기본 요령

1. 벨이 울릴 때
    ① 벨이 울리면 즉각 받는다. 고객을 기다리지 않게 하는 것이 기본적인 전화 에티켓이다. 세 번 이상 벨이 울리지 않도록 한다.
    ② 시간이 걸렸을 때는 "오래 기다리셨습니다." 하고 사과한다.

2. 수화기를 들고 난 후
    ① 수화기를 들면 먼저 식당명, 소속 이름을 상대(고객)에게 말하고, 고객의 이름과 용건을 묻는다.
    ② "감사합니다. ○○○(어디)의 ○○○(누구)입니다."라고 답변한다.

③ 이해가 잘 안 될 때는 납득이 될 때까지 공손히 물어서 들은 사항을 확인한다. 특히 금액, 일시, 숫자, 고유명사 등은 착오가 생기면 절대 안 되므로 똑똑히 듣고 반드시 확인한다.
④ 언제나 메모지와 필기구를 준비해 두고 필요할 때 즉시 메모한다.
⑤ 확인할 내용을 의뢰해야 하거나 시간이 필요한 경우에는 일단 전화를 끊고 다시 전화를 건다.
⑥ 애매한 답변은 하지 않는다. "~일 겁니다."로 대답하면 상대(고객)는 "~이다."로 단정한다.
⑦ 자기가 답변할 수 없는 내용은 상급자를 바꾸거나 확인 후 직접 고객에게 답변 전화를 걸도록 한다.

3. 말투
 ① 분명하고 정중한 언어를 사용하고, 음성의 크기, 음성의 고저, 속도에 유의한다.
 ② 상사나 동료에게 물을 때는 수화기를 반드시 아래쪽으로 내리고 손바닥으로 완전히 눌러서 고객에게 소리가 안 들리도록 한다.
 ③ 상사나 동료에게 의논할 때도 전화의 고객 성함은 반드시 경어를 붙여서 말한다.

4. 인사
 ① 통화 처음 : "감사합니다. ㅇㅇㅇ의 ㅇㅇㅇ입니다."
 ② 통화 끝 : "~주셔서 대단히 감사합니다. 기다리고 있겠습니다."

 이런 인사말을 하고 안 하고에 따라 통화를 주고받는 느낌에 큰 차이가 생긴다.

5. 전달
 전달을 의뢰받았을 때는 상대방(고객)의 성함과 용건을 정확하게 메모하고, 틀림없이 전달한다. 통화 끝에 자신의 소속과 성명을 분명하게 알린다. "책임을 갖고 분명하게 전하겠습니다." 하는 정성이 담겨 있어야 고객이 호감을 느낀다.

6. 확인

　　자기 담당이 아닌 용건의 전화를 받았을 때는 용건을 충분히 확인한 후 정확하게 담당자에게 인계한다. 담당자가 확실치 않을 때는 일단 전화를 끊고 담당자를 확인한 후 그 담당자가 전화를 걸도록 한다. 이 사람 저 사람에게 전화를 돌리는 것은 좋지 않다.

7. 전화를 끊을 때

① 전화를 끊을 때는 상대방이 수화기를 내려놓은 후에 조용히 내려놓는다. 용건이 끝났다고 하여 난폭하게 수화기를 놓으면 고객에게 실례가 된다.
② "감사합니다." 하고 전화에 대고 허리를 굽혀 인사하는 것은 부끄러운 일이 아니다. 이쪽의 성의가 그대로 소리를 통해 고객에게 전달되기 때문이다. 상대방은 전화 목소리만으로도 이쪽의 전화 받는 태도와 표정을 느낄 수 있다.

8. 전화를 걸 때

① 전화를 걸 때는 사전에 전화번호를 정확하게 확인한다. 틀린 전화는 상대방에게도 실례이고, 시간이나 경비의 손실로 이어진다.
② 상대방이 나오면 곧바로 식당명, 소속, 성명을 말한다. 이때 용건은 간단하고 순서 있게 전달한다.

9. 개인 전화

① 근무 중에 개인 전화 사용은 절대 삼간다.
② 전화 사용은 방심하기 쉽다. 조금의 실수로 언어나 자세가 거칠어지고 점포의 분위기를 흐리게 만든다. 그러므로 일하는 곳이라는 것을 잊지 말고 개인적인 통화를 삼간다(단, 긴급의 경우는 예외).

전화 응대의 예

전화 응대 상황	사용 표현
수화기를 들 때	• 감사합니다. 몽실식당 ○○○입니다. • 감사합니다. 몽실식당 종업원 ○○○입니다. • 감사합니다. 몽실식당 조리장 ○○○입니다. • 감사합니다. 몽실식당 ○실장입니다.
문의 또는 상대방을 확인할 때	• 좀 여쭈어 보겠습니다만. • 실례지만, 존함이 어떻게 되십니까? • 실례지만, 어느 분이십니까?
대답할 때	• 네!　　　　　　　　　　• 네! 그렇습니다. • 네! 잘 알겠습니다.　　　• 네! 감사합니다.
인사할 때	• 안녕하십니까? 항상 저희 ○○를 이용해 주셔서 감사합니다. • 안녕하십니까? 항상 도와주셔서 감사합니다. • 지난번은 정말 감사합니다. 앞으로도 잘 부탁드립니다.
기다리게 할 경우	죄송합니다만, 잠깐만 기다려 주시기 바랍니다.
기다리게 했을 경우	• 기다리시게 해서 죄송합니다. • 오래 기다리시게 해서 정말 죄송합니다.
부탁할 때	• 바쁘실 텐데 죄송합니다만, 잘 부탁드리겠습니다. • 수고스러우시겠지만, 잘 부탁드립니다. • 죄송합니다만, 다시 한번 말씀해 주시겠습니까?
거절하는 경우	• 모처럼 말씀이신데, 저희로서는 모시기가 어렵겠습니다. • 죄송합니다만, 그것은 책임지기 어렵겠습니다. • 죄송합니다만, 그 점은 저희 회사 규칙상 말씀드릴 수 없게 되어 있습니다.
사과할 때	• 드릴 말씀이 없습니다. 정말 죄송합니다. • 신경을 쓰지 못해서 대단히 죄송합니다. • 큰 실례를 했습니다. 대단히 죄송합니다.
전화 받을 사람이 부재중일 때	죄송합니다만, 김○○는 마침, • 자리에 없습니다. • 외출(출장) 중입니다. • 제가 대신 전해 드려도 괜찮으시겠습니까? • 돌아오는 대로 ○○의 박○○ 선생님으로부터 전화 왔었다고 전해 드리겠습니다. • 돌아오는 대로 이쪽에서 전화하도록 하겠습니다. (마지막에) 저는 이○○입니다.

언어 사용에 유의하기

1. 고객의 말을 경청한다.

    고객의 이야기에 흥미를 보이면서 질문하고, 동의하기도 하며, 감탄까지 하면서 공감한다면 고객은 신이 나서 속마음을 털어놓는다.

2. 경어 사용에 특히 조심한다.

    경어의 사용은 중요한데, 그만큼 바르게 사용하는 것은 어렵다. 그러므로 주의해서 경어를 사용해야 한다.

3. 고객과 얼굴을 마주 대하며 근무하는 종업원은 다음 사항을 특히 주의해야 한다.

    ① 고객과 고객 간의 대화에 끼어들지 말 것.
    ② 항상 미소 짓는 표정, 밝은 표정으로 근무할 것.
    ③ 혹시 고객으로부터 질문을 받거나 고객이 이야기를 걸어왔을 때는 성의 있고 정중한 태도로 임할 것.
    ④ 근무자는 상대해야 할 고객이 많기 때문에 어느 특정 고객에게 관심이 치우치지 않도록 할 것.

올바른 호칭

1. 윗사람을 호칭하는 경우

    ① 상사의 성과 직위 다음에 '님'자를 붙인다. 예 김 사장님, 서 부장님
    ② 성명을 모르면 직위에 '님'의 존칭을 쓴다. 예 부장님, 과장님
    ③ 상사에게 자기를 호칭할 경우에는 '저'라고 한다.
    ④ 전화에서 자기를 호칭할 때는 성에 직위나 직함을 붙여서 말하고, 직위나 직함만 말할 경우도 있다. 예 김 부장, 판매부장, ○○사원

2. 동료 직원 간의 호칭
    ① 동료 직원에게는 성과 직위 또는 직명으로 호칭한다. **예** 김 부장
    ② 초면이나 선임자일 경우 '님'을 붙이는 것이 예의이다.
    ③ 동료 직원 간에 자기 호칭은 '나'를 사용한다.

보행(이동) 자세

- 바른 걸음걸이는 바른 자세에서 시작된다. 바로 선 자세로 등을 펴고, 턱을 당긴 상태에서 그대로 똑바르게 걸으면 된다.

- 항상 경쾌하면서도 조용하게 걷는다. 긴급할 때 외에는 결코 뛰어서는 안 된다. 질질 발을 끌면서 걷거나, 딸랑딸랑 불안한 걸음걸이는 금물이다.

- 홀 내부가 비좁기 때문에 고객과 스칠 때는 고객이 쉽게 통과할 수 있도록 옆으로 물러서야 한다. 코너에서는 고객과 충돌하지 않도록 조심한다.

- 고객이나 상사와 엇갈릴 때는 공손히 반절을 한다(고개를 숙인다).

- 복도에서는 상사나 고객을 앞지르지 않는 것이 원칙이다. 그러나 급한 용무나 부득이한 때는 반드시 "실례합니다."라고 사과한 후 앞서간다.

- 여럿이 걸을 때는 종으로 걸으며, 횡으로 통로를 가로지르면 안 된다. 큰 소리로 이야기하거나 콧노래 또는 휘파람을 불면서 걷는 것은 금물이다.

- 고객을 안내할 때는 고객에게 유의하면서 조심성 있게 한걸음 앞을 선도한다. 고객을 수행할 때는 고객의 좌측 1보 뒤로 걷는다.

- 고객이 보는 곳에서 담배나 껌을 씹어서는 안 된다.

- 보행 중에는 주머니에 손을 넣거나, 팔짱을 끼거나, 뒷짐을 지면 안된다.

- 보행 중에는 눈망울은 초롱초롱, 표정에 생기가 있어 보여야 한다.

- 주머니에 소리가 나는 것을 넣으면 보행 중에 소리가 나므로 주의해야 한다.
- 휴식 시 유니폼을 입은 채 건물 밖으로 나가면 안 되고, 고객의 눈에 보이지 않는 지정된 휴식 장소에서 휴식을 취해야 한다.
- 그 밖의 주의할 점은 각자의 상식으로 판단하여 해야 될 일과 해서는 안 될 일을 구분해야 한다. 상식이 곧 법이다.

위생 체크 사항

- 음식점은 청결과 쾌적함이 가장 중요하므로 항상 이것을 지키기 위한 몸가짐을 가져야 한다.
- 고객을 기다리는 동안에는 77쪽의 체크표를 보면서 주변 환경을 체크해야 한다.
- 체크한 후에는 반드시 손을 씻는다.

장소	확인 사항
외관	• 점포 주위, 입구에서 현관까지의 사이, 입구 주변에 휴지가 떨어져 있는가? • 점포 주변이 더럽지 않은가? • 창 또는 창틀, 간판이 더럽지 않은가?
점포 안	• 좌석은 덥지 않은가, 춥지 않은가? • 점포 안 노래 음량은 적당한가, 시끄럽지 않은가? • 점포 안이 전체적으로 더럽지 않은가? • 바닥이 더럽지 않은가? • 바닥에 먼지가 떨어져 있지 않은가? • 바닥에 젖은 곳은 없는가? • 테이블 위는 제대로 세팅되어 있는가? • 물건이 제자리에 놓여져 있는가? • 테이블과 의자는 흔들리지 않는가? • 테이블과 의자는 바른 자리에 놓여져 있는가? • 어린이용 의자는 마련했는가? • POP와 메뉴판이 더럽지 않은가?
화장실	• 전체적으로 더럽지 않은가? • 세면대 또는 세면대 주위 바닥은 젖어 있지 않은가? • 거울은 흐려있지 않은가? • 비누와 세정액, 수건은 준비되어 있는가? • 그 외의 용기는 더럽지 않은가? • 휴지는 떨어져 있지 않은가? • 화장지 등의 물품은 제대로 갖추어져 있는가?

위생 관리 방법

1. 종업원의 위생 관리

   ① 모든 종업원은 정기적으로 위생점검을 받아야 한다.
   ② 주방용 안전화는 외부용 신발과 구별하여 사용해야 한다.
   ③ 청결한 가운과 모자를 사용하여 고객에게 불쾌감을 주지 않으면서 식품 오염을 예방해야 한다.
   ④ 머리에 헤어밴드나 머릿수건을 써서 머리카락이 음식에 떨어지지 않게 주의해야 한다.
   ⑤ 요리를 만들기 전 또는 후와 서비스를 시작하기 전에는 꼭 손을 닦아야 한다.
   ⑥ 손톱은 항상 짧게 깎아야 한다.
   ⑦ 손가락을 베었을 때는 손가락 고무골무나 장갑을 사용하여 포도상구균으로 인한 식중독을 예방해야 한다.

2. 조리실의 위생 관리

   ① 조리대, 작업대, 싱크대에 물때가 끼었는지 확인하고, 매일 세제로 닦는다.
   ② 주방용 칼은 매일 뜨거운 물로 중성세제를 사용하여 기름기를 없애야 한다.
   ③ 냉장고는 5℃ 이하를 유지해야 하고, 냉장고 안의 벽에 낀 서리는 뜨거운 물을 흘려서 제거한 후 마른 수건으로 닦아서 물기를 없앤다.
   ④ 냉장고와 냉동고의 적정 온도에서는 세균의 활동이 중지되므로 냉장고의 온도를 유지하는 데 유의해야 한다.
   ⑤ 냉장고에 식품을 가득 채우면 냉각되지 않으므로 주의한다.
   ⑥ 생식인 채소, 양배추, 파, 상추, 깻잎 등은 500~600배의 흐린 중성세제에 5분 정도 담근 후에 씻는다.
   ⑦ 남은 채소와 유통기한이 지난 소스는 매일 처리하고, 오물통은 매일 뜨거운 물로 씻어 오물통에 묻어있는 균의 번식을 막아야 한다.
   ⑧ 가스불꽃은 청백색 상태가 정상이며, 연소기 구멍이 막혔으면 바늘로 뚫고, 이상이 있으면 가스 공급처에 연락해야 한다. 영업 종료와 함께 중앙 공급 밸브와 중간 밸브를 차단한 후 담당자는 체크 리스트에 사인해야 한다.
   ⑨ 행주와 걸레는 색깔로 구별하여 사용하고, 행주는 매일 삶은 후 건조시켜야 한다.

기본 안전 대책

1. 가스 취급시 유의 사항

　　LPG가스는 액체이지만, 유출되면 200배의 기체로 증가하는 위험한 인화물이다. 그러므로 항상 폭발 위험이 있다는 것을 인식하고 다음 사항에 유의해야 한다. 필자가 근무했던 호텔에서는 가스 자동 차단 장치와 함께 가스 밸브에 자물쇠를 잠그는 방식을 사용했다.

① 연소 상태는 청백색 가스 불꽃이 되도록 공기를 조절해야 한다.
② 가스를 사용한 후에는 밸브의 개폐 여부를 반드시 확인해야 한다.
③ 가스가 누설되었을 때는 테이블의 팬과 벽의 팬을 틀어서 외부로 가스를 유출시킨 후 점화해야 한다.
④ 가스가 유출될 때는 배관 호스에 비눗물을 발라서 가스의 유출 여부를 점검해야 한다.
⑤ 연소기 구멍이 막히지 않도록 수시로 점검해야 한다.
⑥ 영업 종료 시에는 중앙 공급 밸브와 중간 밸브를 차단해야 한다.
⑦ 가스 관리에서는 누설된 가스가 연소되지 않고 뭉쳐 있는 곳에 점화되어 폭발하는 것이 가장 무서우므로 반드시 신경 써야 한다.
⑧ 가스통을 교환할 때는 테이블 밸브를 잠가야 한다. 그렇지 않으면 가스통 교환 후 가스가 계속 누설될 위험이 있다.
⑨ 정전시에는 창문을 열어서 가스를 유출시켜야 한다.

2. 난로 취급 시 유의 사항

　　석유난로는 언제나 불을 끄고 석유를 넣어야 한다. 타고 있는 상태에서 석유난로에 주유하다가 화재가 발생한 예가 많으므로 주의하고, 종료 후나 취침 시에는 불을 꺼야 한다.

3. 도난 방지 대책

　　영업 종료 시간으로부터 1시간이 지나면 영업장을 완전 소등하고, 출입문을 안전하게 잠근 후 모든 직원은 퇴근해야 한다.

기본 규칙 및 준수 사항

일을 하는 데 지켜야 하는 매너와 규칙이 있으므로, 일하기 전에 이것만큼은 꼭 명심한다.

1. 출근

    출근은 점포에 들어설 때가 아니라 일을 시작할 때이다. 규정 시간 10분 전에 입점한다.

2. 몸가짐

    유니폼으로 출·퇴근하는 것은 금물이다. 몸가짐은 체크 리스트 기준을 준수하여 근무한다.

3. 타임카드
    - 출근 시 : 유니폼을 갈아입고 나서 타임카드를 찍은 후 제자리에 놓는다.
    - 퇴근 시 : 유니폼을 갈아입기 전에 타임카드를 찍는다. 대리로 찍는 것은 절대금물이다.

4. 지각, 결근

    결정된 스케줄은 반드시 지켜야 한다. 할 수 없이 지각 또는 조퇴할 때는 미리 관리자에게 말하여 허가를 받는다.

5. 손 씻기

    일을 시작하기 전, 화장실 사용 후에는 꼭 손을 닦는다.

6. 귀중품

    점포에는 귀중품을 가지고 오지 않도록 한다.

7. 규칙

    ① 홀에서는 뛰지 않는다.
    ② 고객의 분실물은 바로 관리자에게 보고한다.
    ③ 개인 전화 사용은 금한다.
    ④ 점포 소유물을 개인적으로 갖고 가서는 안 된다.

⑤ 근무 중에 할 수 없이 근무지를 떠날 때는 관리자에게 허가를 받는다.
⑥ 영업 종료 전에 먼저 퇴근할 직원은 고객이 알아차리지 못하도록 동료 및 상사에게 목례만 한다.
⑦ 메뉴에 대한 충분한 지식을 갖고 셀링 포인트(selling point)를 이해한다.
⑧ 테이블 번호를 암기한다.
⑨ 종업원은 고객 테이블에 착석하면 안 된다. 고객이 불쾌감을 느끼지 않도록 주의한다.
⑩ 전구는 같은 밝기의 전구를 같은 장소에 부착하여 교환한다.
⑪ 메뉴에 관한 지식을 미리 기억한다(먹는 순서, 셀링 포인트, 주문 시 음식의 양 등).
⑫ 컵과 그릇을 잡는 법을 익힌다.
⑬ 와이셔츠 속에 색이 있는 런닝셔츠를 입으면 안 된다.
⑭ 근무시의 애로사항이나 의문점은 상급자와 협의한다.
⑮ 퇴근 후에는 과음을 피하고, 충분한 휴식을 취한다.
⑯ 외부 고객이 매출 및 점포 현황 등을 질문할 경우 알려지지 않은 사항은 일체 공개해서는 안 된다.
⑰ 주문서(계산서)가 없는 음식은 만들지 않는다.
⑱ 영업 종료 시간이라도 아직 남아 있는 고객이 불편하지 않도록 조용히 행동해야 한다.
⑲ 영업 종료 시에는 가스 밸브의 잠금과 전원 플러그를 확인하고, 잠금 장치의 잠금과 청소 및 정리정돈을 다시 한번 확인해야 한다.

성공하기 위해서는 대비해야 한다

장기불황 속에서 일본이 살아남을 수 있었던 이유

　한국조리학회 소속 29명의 회원들과 일본 전문기관인 RGM컨설팅과 함께 3박 4일의 일정으로 오사카 교토 연수를 다녀온 적이 있습니다. 알찬 연수 과정을 통해 일본의 먹거리와 볼거리를 경험했고, 일본 경영주가 3대째 경영하는 음식점의 생생한 현장과 강태봉 대표의 강의 덕분에 연수 과정에 큰 활력을 불어넣을 수 있었습니다.

　가까우면서 먼 나라, 세계 3대 경제대국이 바로 일본이지요? 일본의 정신은 무엇일까요? 그것은 바로 '스미마센' 정신입니다. 일본인들은 자주 "미안합니다."라고 말합니다. 어린이 교육헌장 1장 1절에 '남에게 폐를 끼치지 말라.'가 명시되어 있고, 어릴 때부터 이것을 교육시키고 있습니다. 항상 상대방을 배려하고, 자기 자신을 낮추어 타인을 높이는 정신은 우리도 국민소득 3만 달러 시대에 배워야 한다고 생각합니다.

일본인들은 장인정신을 바탕으로 외식산업의 시스템화를 가져왔습니다. 산업화를 통해 생산 원가와 인건비를 절감해서 경쟁력을 강화시켰습니다. 그래서 최근에는 한국의 음식 가격보다 저렴하지만 맛있는 메뉴를 개발할 수 있었습니다.

RGM컨설팅에서 제공한 자료에 의하면, 시대에 맞는 외식 기능을 갖춘 점포가 지속적으로 성장할 수 있다고 합니다. 최근 소비자는 단순히 '배가 고프다'라는 생리적 욕구만 해결하기 위해 음식점에 가지 않습니다. 직장인들의 점심식사와 같이 특별한 경우를 제외하면, 대부분의 사람들은 즐기기 위해 음식점을 찾습니다. 가족이나 연인과 즐거운 시간을 보내고, 친구와 한잔하며, 접대나 파티를 하는 등 음식점을 찾는 동기가 다양해졌습니다. 일본은 1인당 국민소득이 3만 달러를 넘어가면서 외식이 식도락이나 레저 개념으로 바뀌었습니다.

국민소득 3만 달러 시대의 고객은 어떤 음식점을 선호할까요? 지역 및 입지의 특성뿐만 아니라 고객의 수준이나 기호에 따라 다를 수 있지만, 빠르게 배를 채울 수 있는 음식점만 좋아하지는 않을 것입니다. 결국 고객은 음식을 먹는 환경과 분위기, 그리고 직원들의 따뜻한 미소가 있는 곳을 찾습니다. 자신을 알아봐 주고, 심지어 자기의 의견이 반영되거나 조리에 직접 참여하는 음식점을 찾는 것은 당연합니다. 1992년, 1인당 국민소득 3만 달러였던 일본의 음식점들이 고객을 만족시키기 위해 어떤 노력을 했는지를 벤치마킹하면 구체적인 정답을 얻을 수 있을 것입니다.

기본에 충실한 일본 음식점 사례

▲ 기본에 충실한 일본 음식점, 쿠시야모노가타리

점포 430개를 지닌 후지오푸드시스템의 대표이사 후지오 마사히로 사장은 1955년에 식당을 운영하는 부모님의 아들로 태어났습니다. 초등학교 5학년 때부터 음식 배달을 시작했고, 고등학교 때는 초밥집 카운터에서 초밥 만들기 등 부모님의 일을 도왔습니다. 그런 그가 만든 22개의 업체는 대부분 합리적인 가격을 추구하는 친서민적 성향이 강합니다.

1997년 오픈해 현재 90여 개 매장을 소유한 쿠시야모노가타리(串家物語)도 마찬가지입니다. 이 점포는 일본인이 가장 선호하는 상품 중 하나인 튀김요리를 주력으로 한 꼬치튀김 뷔페 전문점입니다. 이곳은 '축제'를 콘셉트로 한 맛있고 즐거운 점포를 추구하는 곳입니다. 상품으로는 튀김요리 외에 샐러드, 카레, 우동 등의 사이드 메뉴가 있습니다. 특히 다랑어국물에 밥과 다양한 재료를 토핑해 먹는 '오차즈케(おちゃずけ)'가 독특하고, 식후에 먹을 수 있는 케이크와 달콤한 디저트도 충실한 편이며, 소프트 아이스크림은 어린이에게 인기절정입니다.

주력 상품인 꼬치 식재료의 모양은 다양합니다. 원, 반원, 직사각형, 정사각형, 마름모, 우산 모양 등 각양각색이어서 시각적으로 독특한 재미가 있습니다. 꼬치의 식재료도 매우 다채롭습니다. 고구마, 감자, 양파, 호박, 가지, 버섯 등의 채소와 닭가슴살, 닭 혀, 닭 목살, 베이컨 등의 육류뿐만 아니라 오징어, 새우 등의 해산물 등 육해공군 재료가 다 모여 있습니다. 그 밖에 떡 치즈춘권, 타코야끼, 치즈도넛, 다진 감자 등의 콜라보레이션 상품도 있습니다.

꼬치 식재료는 계절에 따라 각종 재료를 얼마든지 사용할 수 있다는 장점이 있습니다. 특히 이곳은 한 가지 또는 여러 종류의 재료를 몇 개씩 꿰어 만든 꼬치전문점과 달리, 나무꼬치에 한 가지 식재료만 꿰기 때문에 고객들이 직접 튀기기 좋고 먹기 편하다는 장점이 있습니다. 사용하는 식재료의 신선도나 품질 외에 종류, 모양, 컬러가 뛰어나고, 창의적인 상품일 뿐만 아니라 골라먹는 즐거움과 직접 만들어 먹는 재미가 어우러져서 어린아이를 동반한 가족고객들이 이 점포를 많이 찾고 있습니다. 그야말로 쿠시야모노가타리는 즐거움과 이야깃거리 등 요즘의 고객이 선호하는 외식문화를 제공하고 있습니다. 그러면 쿠시야모노가타리의 성공 비법은 무엇일까요?

▲ 쿠시야모노가타리의 꼬치 요리

1 음식점의 기본 상품에 충실하다

 일본인은 식사할 때 밥과 달걀, 그리고 된장은 거의 빼놓지 않고 먹습니다. 쿠시야모노가타리는 고객에게 가장 익숙한 이 세 가지 음식을 최상의 상품으로 제공하기 위해 노력하고 있습니다. 쌀은 일본 국민이 가장 맛있다고 인정하는 북쪽 내륙지역인 후쿠이 현, 니가타 현 그리고 야마가타 현 일부에서 생산되는 고시히카리(越光) 품종을 사용하고, 절대로 다른 지역에서 생산한 품종과 혼합하지 않고 있습니다. 거래 농가에는 쌀 재배이력을 철저하게 기록할 것을 요구하고, 구매할 때는 반드시 확인 작업을 거치고 있습니다. 또한 점포에서는 매일 현장에서 도정한 쌀을 사용하는데, 이는 도정 후 시작되는 산화작용 때문에 쌀의 신선도가 떨어지는 것을 방지하기 위해서입니다.

 달걀은 엄격한 생산 및 위생 관리 시스템을 갖춘 전국 10개소 지정 농장에서 한정 구매해 사용하고 있습니다. 맛있는 달걀은 건강한 닭이 만들기 때문에 이들 농가에서는 닭 품종뿐만 아니라 부화장, 사료, 사육장 위생관리, 사육 방법과 정기적 병원균 체크까지 전방위적으로 관리하고 있습니다. 또한 생산지에서 점포로 이동한 달걀의 신선도를 조리 직전까지 유지하기 위해 철저하게 온도를 관리하고 있습니다.

 된장은 일본 사람들에게 가장 친숙한 신슈(信州)된장을 사용하고 있습니다. 전국 판매 된장의 40% 이상을 차지하고 있는 이 제품은 깔끔한 향과 담백한 맛이 특징으로, 모든 채소와 궁합이 잘 맞습니다. 무엇보다도 매일 먹어도 질리지 않는 '어머니가 만들어 준 맛'을 원칙으로 하고 있습니다. 고객에게 익숙한 밥과 달걀요리, 된장을 맛있게 만들기 위해 엄격한 기준을 가지고 체크하고 있습니다. 당연한 것을 당연하게 하고 있는 것, 이것이 바로 쿠시야모노가타리 점포가 번성하는 기본이 되었다고 합니다.

2 당일 식자재 준비로 고객의 만족도를 극대화하다

매일 점포에서 꼬치를 만드는데, 꼬치는 고객이 볼 수 있는 꼬치 진열대 뒤의 카운터에서 주방직원들이 수시로 만들어 보충하고 있습니다. 생산성이나 직원 운영을 고려한다면, 외부에서 만든 진공패킹 냉동식품을 점포 진열대에 뜯어놓을 수도 있지만, 이곳은 현장 작업을 고집하고 있습니다. 이것은 고객 만족에 충실하려고 하는 경영주의 철학에서 비롯된 것으로, '고객과의 접촉', 그리고 '수작요리'로 음식을 만들 때 고객의 만족도를 높일 수 있음을 강조합니다. 고객이 보는 앞에서 상품을 직접 준비하는 모습을 보여주면, 고객은 안심하고 즐겁게 식사할 수 있기 때문입니다.

3 원재료의 맛을 살려주는 소스와 튀김가루를 사용하다

소스는 양파, 사과, 토마토 등 건강에 좋은 소재를 충분히 사용해서 직접 생산한 것을 제공하고 있습니다. 소스의 종류도 달콤한 맛, 매운맛 등이 있고, 담백한 맛을 선호하는 고객을 위한 폰즈소스나 매실소스가 있으며, 계절 소스로 유자소스와 된장소스도 있습니다. 또한 어린이나 젊은 여성층이 선호하는 치즈소스도 있어서 입맛대로 골라먹을 수 있습니다.

이렇게 다양한 소스는 진하지 않아 원재료의 맛을 그대로 느낄 수 있다는 것이 장점입니다. 튀김가루는 바삭하게 씹히는 느낌과 기름이 많이 배지 않도록 소재를 엄선한 후 미세하게 분쇄해서 사용하고, 튀김가루도 소재 자체를 즐길 수 있도록 튀김옷을 얇게 입히는 것이 특징입니다. 이러한 노력 때문에 겉이 바삭하면서도 맛있는 육즙이나 식감을 잘 느낄 수 있습니다.

성장기 및 성숙기를 맞이한 외식업계 시장에서는 깨끗하고, 분위기 좋으며, 맛있는 점포가 늘어나고 있습니다. 그렇다고 모든 점포가 번성하고 있는 것은 아닙니다. 자신만의 독특한 색과 문화를 가진 점포만 고객의 선택을 받는 시대가 되었습니다.

'음식의 맛', '표현', '판매 방식', '그릇', '스토리' 등을 고객의 니즈 눈높이에 맞춰봅시다. 또한 포기하지 말고 고객의 진화 속도에 맞춰봅시다. 이것이 바로 점포가 지속적으로 성장하는 포인트입니다. 시대 변화에 대응하지 못하는 기업은 도산할 수밖에 없습니다. 이 시대에 살아남는 비결은 바로 오늘을 준비하는 것입니다.

우리 음식점에 꼭 맞는 판촉 전략 세우기

음식점의 성공 요소는 당연히 맛과 서비스이지만, 요즘에는 그보다 더 중요한 것이 '판매촉진 전략'입니다. 확실한 판매촉진 전략을 세우려면 우선 지난 한 해의 매출을 분석한 후 매출이 많았던 달과 매출이 적었던 달을 구분하여 과감한 전략을 펼쳐야 합니다. 영업이 잘되었던 달을 집중적인 판촉 전략으로 삼아 매출의 30% 이상 향상시키는 전략을 세웁니다. 그리고 매출이 저조한 달은 적극적인 가격 할인 및 페스티벌을 통해 찾아오는 고객의 수를 100% 늘릴 수 있는 전략을 펼치는 등 우리 업소에 맞는 판매촉진 전략을 분기별로 세워야 합니다.

실패하지 않는 전략, 계절감 연출

계절감 있는 판매촉진 기획은 고객에게 가장 강렬하게 어필할 수 있는 수단입니다. 각 계절에 맞게 독자성이 높으면서 복수의 시즌에도 어느 정도

공통적인 테마를 기획할 필요가 있습니다. 즉 계절에 당면해서 계획하지 않도록 합니다. 예를 들면 '건강'을 테마로 할 경우에는 다음과 같은 계절별 축제를 계획할 수 있습니다. 이러한 계획은 판매 기획과의 연동이 가능해져서 좀 더 충실한 이벤트를 진행할 수 있습니다.

- 봄 건강 → 피크닉 축제
- 가을 건강 → 스포츠 축제
- 여름 건강 → 스태미나 축제
- 겨울 건강 → 따뜻한 축제

이렇게 기획하면 다음과 같은 장점이 있습니다.

① 장기적인 기획 준비가 가능하다.

계절상품 도입에 의한 판매촉진 등 비교적 장기적인 준비가 필요한 판촉이 있습니다. 이러한 판촉 중에는 고객에게 호소력이 강하고 효과적인 것이 많은데, 연간계획을 세워 계획적으로 준비해야 합니다.

② 고객에게 미리 어필할 수 있다.

연간 계획을 팸플릿 같은 형태로 인쇄해 고객에게 나눠주고, 기획 내용을 미리 고시해서 효과를 거둘 수 있습니다. 가장 효과적인 고시 방법은 판매촉진 기간 중 다음에 실행할 판매촉진을 예고하는 것입니다. '이러한 판매촉진을 언제부터 합니다.'라는 고시는 무엇보다 실제 고객 수가 증가하는 시기에 실행되므로 더욱 높은 효과를 거둘 수 있습니다. 또한 매체를 이용하지 않기 때문에 예산도 적게 들어 메리트가 매우 높은 판매촉진 방법입니다.

③ 종업원에게 판매촉진 지식을 철저하게 주지시킬 수 있다.

판매촉진 시기를 알고 있으면, 구인 모집이나 교육 면에서 편리합니다. 판촉이 결정되고 나서 인원을 모집하거나 기획한 시기가 다른 지역 행사와 겹치면, 오퍼레이션이 지체되어 매출 증가와 연결시킬 수 없게 되니 유의해야 합니다.

연간 판매촉진 계획 세우는 법

다음과 같은 과정을 통해 연간 판매촉진 계획을 체계적으로 세울 수 있습니다.

1 예산 정하기

연초에 연차 계획의 입안과 동시에 판매촉진 계획을 세우는 것이 가장 이상적입니다. 연차 계획에서 예산은 예상 매출액의 3% 이내에서 설정하는 것이 좋습니다.

① 연도 나누기

　기업에 따라 다르지만, 판매촉진 계획은 일반적으로 '연간', '분기별', '월별', '주별'로 실시합니다.

② 요일 기입하기

　일자뿐만 아니라 요일을 기입하는 것도 잊지 않아야 합니다. 판매촉진 활동을 어느 요일에 시작하느냐에 따라 판매촉진 효과가 크게 달라집니다.

③ 지역 사회 행사와 연계하기

　반드시 지역사회 행사와 연계해 지역사회에 뿌리를 내릴 수 있어야 합니다. 보다 전국적인 축제나 행사 등에는 못 미치더라도 우리 점포가 속해 있는 사회에서 어떤 행사가 열리고 있는지를 정확하게 알고 있는 것은 성공적인 판매촉진 기획에 반드시 필요합니다. 지역축제에 협찬하거나 타이밍을 맞춰 이벤트를 펼치면, 예상치 못한 높은 효과를 거둘 수 있습니다. 반대로 지역사회 단위의 야유회나 지역 자체 인구가 크게 감소되는 시기의 판매촉진은 피해야 합니다.

④ 사내 행사와 겹치지 않게 계획하기

　판매촉진 계획을 세울 때 사내 행사와 겹치지 않게 해야 합니다. 얼핏 보면 관계가 없어 보이지만, 한 예로 회사 입사식 날 판매촉진 계획을 시작하면 인원이 부족하여 크게 혼란스러울 것입니다. 따라서 규모가 큰 판매촉진은 회사 단위나 점포 단계의 큰 행사를 피해 기획해야 합니다. 반대로 메뉴 개정 등의 기획이 사전에 예정되어 있으면, 똑같은 의미에서 매우 유리한 이벤트 타이밍으로 이용할 수 있습니다.

2 연간 스케줄 표 만들기

　스케줄 표는 향후 스케줄 입안 작업의 기본이 됩니다. 따라서 판매촉진뿐만 아니라 지역사회 행사나 회사 일정까지 포함한 종합적인 스케줄 표를 만들면 좋습니다. 이러한 종합 스케줄 표에서 각각의 기획을 상세하게 설명하는 실시 표를 작성해야 비로소 판매촉진 기획이 이루어지는 것입니다.

3 날씨에 따른 판촉 전략 세우기

　비가 내리면 음식점 매출이 보통 30% 정도 하락합니다. 이 경우 다음과 같이 광고해 봅시다.

> "비 오는 날 우리 업소는 무조건 파전을 무료로 드립니다!"

　날씨가 갑자기 더워도 매출이 갑자기 하락합니다. 이 경우에도 다음과 같이 광고해 봅시다.

> "우리 점포는 30℃ 이상이면 가슴까지 시원한 팥빙수를 무료로 서비스합니다!"

　새로운 고객을 창출하는 것보다 기존 고객을 유지하는 비용이 훨씬 적게 들어간다는 사실을 다시 한번 기억해야 합니다. 변화는 또 다른 기회를 잡을 수 있게 합니다.

대박집으로 가는 열쇠

어렸을 때부터 자주 가던 친숙한 동네 음식점이 문을 닫고 주인이 바뀌는 모습을 보면서 안타까움과 아쉬움을 느낀 경험이 있을 겁니다. 성공점포의 열쇠는 어디에 있을까요? 어떻게 하면 경쟁에서 이길 수 있을까요? 그리고 장기적인 비전은 무엇일까요? 이렇게 많은 고민의 정답은 바로 변화와 혁신에 있다고 해도 과언이 아닙니다.

우리에게 매우 친숙한 코카콜라가 만년 2위 기업인 펩시콜라에게 100년 만에 1위 자리를 내준 적이 있습니다. 펩시는 환경 변화의 트렌드를 반영하여 과감하게 사업을 확장했고, 공동 마케팅 등을 통해 '음료 전문회사'에서 '종합식품회사'로 변신했습니다. 음료 부분만으로는 코카콜라와의 경쟁에서 승산이 없다고 판단하고 음료와 같이 소비될 수 있는 식품사업에 발빠르게 진출한 것입니다. 그래서 펩시는 미국 스낵 시장의 60%를 점유하는 프리토레이(Fritolay), 기능성 음료를 생산하는 퀘이커푸드(Quaker Food)를 인수하는 등 다양한 분야로 사업 영역을 확장하면서 시장 규모를 확대했습니다. 또한 펩시는 본업에 해당하는 콜라사업에서는 피자헛, KFC, 타코벨 등 외식기업과 전략적 제휴를 통해 안정적인 수요처를 확보했다는 점도 돋보였습니다.

특히 1990년대 이후 웰빙열풍과 함께 탄산음료가 비만의 주범으로 지목되었는데, 콜라의 비중을 낮추고 과일주스, 생수, 이온음료 등 웰빙에 맞도록 주력 품목을 전환한 것이 주효했습니다. 코카콜라가 총매출의 80%를 탄산음료에 의존하는 반면, 펩시는 총매출에서 탄산음료의 비중이 20%에 불과합니다. 또한 2004년부터 유해성 검사에서 합격한 제품에 'Smart Choices'라는 마크를 붙여서 소비자에게 건강에 좋은 식품이라는 인식을 심어주어 코카콜라와는 확실히 다른 차별화 전략을 구사하고 있습니다. 이처럼 살아남는 기업은 힘이 있는 대기업이나 머리가 영리한 조직이 아니라 환경 변화에 철저하게 대비한 기업이었습니다.

정확한 목표와 실천할 수 있는 계획

지난날을 새롭게 분석하여 철저하게 준비하고 계획을 세워야만 성공적인 음식점을 경영할 수 있습니다. 그러므로 지금부터 이렇게 준비해 보세요. 우선 가장 중요한 연차별 계획을 세우고, 경영 테마를 설정하는 것입니다. 우선 1년을 4분기로 세분화하여 분기별 목표를 설정하고, 분기를 다시 월별로 세분화하여 월 경영 관리 계획을 세운 후 판촉 전략을 통해 매출을 분석합니다. 그리고 식자재 원가와 인건비 관리를 분석하여 수익 관리의 중요성을 인식해야 합니다.

이미 예측된 매출이 저조한 달은 고객 감사의 달로 선정하여 적극적인 마케팅을 시도해야 합니다. 실제로 식자재 원가 1%만 높여도 매출 5%가 향상된다는 통계 조사도 있습니다. 이와 같이 고객이 우리 점포를 찾는 빈도수를 높일 수 있는 영업 전략이 절실합니다. 그다음은 주마다 주간 관리 계획을 세워 그 주의 경영 테마를 설정해야 합니다. 예를 들어 이번 주의 주제가 '첫눈을 기다리며'라면, 점포의 디스플레이를 첫눈이 올 듯한 분위기로 바꾸고, 고객이 잘 보이는 곳에 첫눈에 대한 아름다운 문구를 준비하여 고객의 감성을 자극해야 합니다.

세계 최고의 부자인 빌 게이츠는 기자 인터뷰에서 "당신은 어떻게 세계적인 부자가 될 수 있었습니까?"라는 질문을 받았는데, 그의 대답은 간단했습니다. 그는 "저는 유별나게 머리가 똑똑하지 않습니다. 특별한 지혜가 많은 것도 아닙니다. 다만 저는 변화하려고 하는 마음을 생각으로 옮기고, 생각을 행동으로 옮기는 데 노력했을 뿐입니다."라고 말했습니다.

우리나라의 어느 기업가(삼성 이건희 회장)의 말이 생각납니다.
"자식과 마누라 빼고 다 바꿔라!"

세상은 변화하려고 열망하는 자에 의해 발전되어 왔습니다. 앞으로도 변화를 행동으로 옮기는 자가 세상을 발전시킬 것입니다. Change(변화)의 g를 c로 바꾸어 보세요! 바로 Chance(기회)가 됩니다. 변화하려는 사람에게 기회가 옵니다. 당신도 변화하십시오. 변화는 기회이며, 기회는 축복의 도화선입니다.

많은 사람들이 주체적으로 작은 것을 실천하는 것이 목표인 줄은 모르고 무조건 큰 목표만 세우려고 합니다. '계획이 없는 사람은 실패한 미래를 계획하고 있을 뿐입니다.' 이것은 계획이 얼마나 중요한가를 단적으로 말해 주는 글귀입니다.

어려울 때일수록 목표와 실천할 수 있는 계획을 세워 위기를 극복하는 지혜를 가진 신지식인으로 거듭 태어나야 합니다. 그래서 교육을 책임지고 있는 필자는 새 학기가 시작되면, 새로 입학한 학생들에게 처음 2년 동안의 목표를 설정하여 제출하도록 합니다. 그리고 그중 하나의 목표로 졸업여행을 반드시 권하고 있습니다. 졸업여행을 가려면, 여행 장소와 시간, 그리고 가장 중요한 돈이 있어야 합니다. 장소는 어디가 좋겠는지 학생들에게 물어보면, 하와이, 방콕, 만리장성 등 큰소리로 대답하는 새내기 학생들이 많습니다. 그러면 필자는 이렇게 분명한 목표가 있다면, 이에 대한 분명한 계획을 세워야 한다고 강조합니다. 학생이어서 시간은 넉넉하겠지만, 현실적인 금전 문제에 대해서도 말을 합니다.

학생들의 비싼 수업료를 내주는 부모님에게 졸업여행 경비마저 의지하지 않고 스스로 돈을 모으도록 권유합니다. 일례로 하루에 돈 1,000원씩 저축한다고 가정한다면, 한 달이면 3만 원이라는 돈이 모이고, 30,000×

12개월을 계산하면 1년에 36만 원이 됩니다. 이것을 2년 동안 모으면 72만 원+α(은행 이자), 비록 하루 1,000원의 돈이지만, 2년 후에는 누구에게도 의지하지 않고 떳떳한 졸업여행을 다녀올 수 있는 큰돈이 됩니다.

여기서 학생들은 목표의 중요성과 계획의 소중함을 깨우치고 실천하게 됩니다. 사람은 평생 세 권의 책을 쓴다고 합니다. 제1권은 '과거'라는 이름의 책으로, 이 책은 이미 집필이 완료되어 책장에 꽂혀 있습니다. 제2권은 '현재'라는 이름의 책으로, 이 책에는 지금의 몸짓과 언어 하나하나가 그대로 기록되어 있습니다. 마지막으로 제3권은 '미래'라는 책입니다. 그러나 셋 중에서 가장 중요한 것은 제2권이고, 제3권은 부록에 불과합니다.

오늘을 얼마나 충실하게 사느냐에 따라 인생의 방향이 완전히 달라집니다. 인생은 연령에 따라 서로 다른 키워드를 갖습니다. 10대는 '공부', 20대는 '이성', 30대는 '생활', 40대는 '자유', 50대는 '여유', 60대는 '생명', 70대는 '기다림'으로 채워집니다. 돈을 벌려면 자본을 투자해야 하고, 내일을 벌려면 오늘을 투자해야 합니다. 과거는 시효가 지난 수표이고, 미래는 약속어음일 뿐이지만, 현재는 당장 사용이 가능한 현금입니다. 오늘 게으른 자는 영원히 게으른 것입니다. '오늘'은 이 땅 위에 남은 새 삶의 첫날입니다. 그래서 지금 만나고 있는 사람을 가장 중요하게 생각해야 하고, 지금 내가 하는 말과 하는 일을 가장 중요하게 생각해야 합니다.

준비된 내일을 위하여 미리 계획을 세우고 실천해 봅시다. 1년의 목표, 분기별 목표, 월 목표, 한 주 목표, 오늘의 목표를 계획하여 실천한다면 반드시 성공 점포를 만들 수 있습니다.

매출을 올릴 수 있는 상품 찾기

점포의 계산대 옆을 보면 다양한 상품이 진열되어 있습니다. 하지만 대부분 우리 점포와 무관한 상품을 진열해 놓고 판매하기 때문에 또 다른 매출을 올릴 기회를 놓치는 경우가 많습니다. 어떻게 보면 고객과의 마지막 약속일 수도 있습니다. 이왕이면 '고객이 오래 기억할 수 있고 재구매가 가능한 제품이면 얼마나 좋을까?' 하고 생각해 보세요. 우리 점포를 가장 잘 표현할 수 있는 상품이면 최고의 제품이라고 할 수 있습니다. 예를 들어 맛있게 먹은 드레싱이나 소스 등도 좋은 상품입니다.

▲ 매장 입구에 고객이 맛있다고 한 소스와 관련 소품 등을 판매하여 매출을 향상시킨다.

우리 음식점의 손익관리 계산하기

손익관리의 필요성

　최근에는 매출 중심에서 이익 중심으로 효율적인 음식점 경영이 요구되고 있습니다. 이 시점에서 반드시 필요한 3대 항목의 필수 조건은 다음과 같습니다.

1 영업

　영업은 매출액을 높이려고 노력하는 것을 의미합니다. 영업을 위하여 객수와 객단가(고객 1인당 평균 매입액)에 관심을 갖고, 자신의 점포에 대한 비즈니스 기회에 정확하게 대응해야 합니다.

2 관리

　관리는 경비를 정확하게 컨트롤하는 것을 의미합니다. 얼마나 경비를 합리적으로 사용하고 있는지 정확하게 파악해야 합니다.

3 개발

개발은 점포를 획득하거나 유지하기 위해 '어느 정도의 경비가 필요한가?'라는 점에 관심을 갖는 것을 의미합니다.

손익관리 실행의 장점

앞에서 소개한 '영업', '관리', '개발'이라는 세 가지의 요소가 실제로 손익관리에 어떻게 연관되는지에 대해서는 다음의 표를 참고합니다.

손익 관리	세부 내용	세부 관련 수치
영업	매출을 올리려는 노력	객수, 객석 회전수, 객단가
관리	경비를 컨트롤하는 노력	인건비, 원료비, 수도광열비 등 제경비
개발	초기 조건을 파악하는 노력	임대료, 투자 자본
이익	매상고 – 경비 – 초기 조건 = 이익	3개의 경영 수치의 밸런스를 끊임없이 목표치에 맞추도록 노력

이익을 많이 내려면, 매출액을 높이거나 경비나 초기 조건 금액을 적게 지불해야 합니다. 경영주에게는 '노력을 많이 했다'가 아니라 '노력한 결과가 분명하게 나타나는가'가 중요합니다. 그리고 이것을 위한 수단으로 손익관리가 필요한 것입니다. 정확하게 손익관리를 실행하면 다음과 같은 장점이 있습니다.

- 우리 점포의 영업 상태의 정확한 모습을 알 수 있다.
- 우리 점포의 문제점을 정확하게 판단할 수 있다.
- 문제점을 개선하기 위해 명확한 방침을 세울 수 있다.
- 문제점이 개선된 이상적인 모습을 상상할 수 있다.
- 목표에 자신들이 어느 정도 근접해 있는지 평가할 수 있다.

지금까지는 과거와 같은 방법으로 판매한 후 그 결과로 얼마나 벌었는가라는 수동적인 자세로 손익관리가 진행되었지만, 이러한 자세로는 머지 않아 도태될 수 있습니다. 그러므로 치열한 외식산업에서 살아남기 위해서는 적극적으로 목표와 현실을 확실하게 파악해야 하는데, 그 확실한 수단으로 계수 관리가 필요한 시대가 된 것입니다.

매출 분석 가능 사항

매출을 분석할 때는 다음의 사항을 고려해야 합니다.

1 매출이 일정한가?

특정 요일의 매출액이 평균보다 적거나 그 반대인 경우가 계속 된다면, 이러한 매출액의 경향을 명확하게 파악해야 커다란 경비 손실을 줄일 수 있습니다. 특히 매출이 많이 떨어지는 요일이 있다면, 그 요일에는 판매촉진을 시행하는 등의 대책을 세울 수 있습니다.

2 객단가가 일정한가?

같은 시간대의 객단가가 요일별로 크게 변동되는 것은 메뉴북을 구성할 때의 구상과 목적이 고객층에게 정확하게 전달되지 않았기 때문입니다. 객단가를 1개월 단위로 생각할 때 '점심시간대 객단가는 어떻게 되고 있는가?'라는 고객의 이용 동기에 맞춰 객단가를 파악해야 합니다.

3 객수가 크게 적은 시간대가 있는가?

매출을 좀 더 향상시키려면, 가장 먼저 고객의 수가 어느 시간대에 적은지 조사해야 합니다. 특별히 한가한 시간대가 있으면, 그 시간대에 맞춘 상품을 도입하거나 그 시간대만의 판매촉진을 하는 등의 방법으로 효과적인 매출액을 확보할 수 있습니다.

4 객석 회전율이 크게 높은 시간대가 있는가?

매출액을 올리고 싶으면, 객수가 많은 때의 매출액을 좀 더 늘릴 수 있습니다. 이것은 아이들 타임(idle time)에 고객을 늘리는 것보다 고객이 많이 오는 시간대에 좀 더 편안하게 객수를 올릴 수 있는 방법입니다. 이때 객석 회전수를 확인해야 합니다. 예를 들어 객석 회전수가 3~4회전일 경우 그 이상의 고객 수를 늘리면, 오히려 고객이 불편하다는 것도 기억해야 합니다.

매출 구성인자의 매출 향상 포인트

- 매출 = 고객 수 × 객단가(매출액/고객 수) = 좌석 수 × 회전율 × 객단가
- 고객 수 = ❶ 이용자 수 × ❷ 내점 빈도 × ❸ 동반자 수
- 객단가 = ❹ 1인분 평균 단가 × ❺ 판매 개수

매출에 영향을 미치는 숫자
인지 요인(존재, 이용 동기) → ❶
운영 요인(점포, 상품, 가격) → ❷, ❸, ❺
설정 요인(Q.S.C 수준) → ❹

매출 목표의 실패 원인과 대처 방법

대상	원인	대처 방법
객수	점포의 존재가 알려져 있지 않은 경우 (인지도 부족)	• 특성과 고객층을 파악한다. • 이용 동기를 제공한다. • SNS를 활용해 점포의 존재를 공지하고 광고한다. • 소재지, 영업 시간, 문자 서비스, 상품군에 대한 정보를 제공한다. • 가격대와 점포 이미지를 홍보한다.
	점포가 알려져 있지만, 내점할 기회가 없는 경우	• '~축제'나 '런치 페스티벌' 등의 이벤트 축제로 내점 동기를 유발시킨다. • 인지도의 증대와 이용 방법을 제공한다. 예 PM, 영업활동
	점포를 이용했지만 다시 오지 않는 경우	• Q.S.C의 수준을 향상시킨다. • 트레이닝, 교육을 계속 강화한다.

	객석 회전수의 저하	• 체류 시간을 단축시킨다.
		  - 세팅과 치우기 트레이닝
		  - 안내부터 주문받기까지의 과정 스피드화
		  - 상품 제공 시간의 단축화
		  - 피크타임시 테이블당 객수 증가 노력(만석률의 증대)

대상	원인	대처 방법
객수	고정 고객의 불만	• 철저하게 고객을 관리한다. – 방명록 설치(명함 받기 병행) – 앙케이트 실시
객단가	끼워팔기 및 권장 요리 부족	점장의 조례에서 지시, 상품을 세트화시킨다.
	이벤트 기획, 판매촉진	권유 방법을 롤프레잉(role-playing)한다.
	예약받기	연 2~3회의 페스티벌 개최 및 지역 특성을 살린 이벤트를 기획한다.

식자재 원가의 상승 원인과 대처 방법

원인	대처 방법

정확한 양
  포션 컨트롤상의 문제
	조리 기준서를 준수한다.
	  포션 컷, 그램 수, 담는 양 등의 기준치 준수

로스(손실)
  예측 로스 ──────
  발주시 로스 ─────
  납품시 로스 ─────
  보관시 로스 ─────
 	
  조리시 로스 ─────
  (너무 굽거나, 너무 조린 것)
  판매, 제공시의 로스 ──
  (주문 미스, 제공 미스, 전표 분실)
	매출 예측에 따라 적절히 준비한다.
	▶ 매출 예측에 따른 적정한 재고량을 유지한다.
	▶ 철저하게 재고 조사를 한다(필요한 양만 발주).
	▶ 철저하게 검품 검량을 한다.
	▶ 냉동고와 냉장고를 엄격하게 관리한다(온도, 상태, 시간, 선입선출).
	▶ 조리 트레이닝을 계속 강화한다.
	  관리상 실수를 방지한다.
	▶ 철저하게 서비스 트레이닝을 한다.

사업 단가 상승	• 납품 가격을 교섭한다. • 메뉴는 1년 반에서 2년마다 교체 및 변경한다. • 채소 등은 대체상품을 검토한다.

원인	대처 방법
일부 상품에 치우친 상품 구성 비율의 문제	• ABC 분석을 통해 상품 판매를 분석한다. • C 부분 대신 신상품 개발 시 식자재 원가를 낮춘다. • 일부 상품의 가격을 인상한다. • 저원가 상품을 권장판매한다.

기타
   재고 조사 작업의 실수
   대체 재료를 모를 경우
	• 재고 관리를 위해 선반을 정리하고 판매 단위를 통일한다.
	• 재고 관리 방법을 강화한다(기준서(5W1H) 작성, 교육 및 훈련).
	• 철저하게 식자재에 대해 연구한다.

인건비 상승 원인과 대처 방법

원인	대처 방법
매출 목표와 실적에 차이가 있는 경우	• 매일의 목표 매출액을 재검토한다. • 작업 스케줄표를 재검토한다.
적정 인원을 파악하지 않고 있는 경우	• 작업 스케줄표를 재검토한다. • 인원 배치를 재검토한다.
개개인의 능력이 부족한 경우	교육 훈련으로 개개인의 능력을 향상시킨다.
파트타임과 아르바이트생의 시간별 급여를 설정할 때 문제가 있는 경우	파트타임과 아르바이트생의 시간 급여 설정을 재검토한다.
최고의 능력을 발휘하고 있지 않은 경우	• 작업 할당을 재검토한다. • 작업을 로테이션화 한다.

제경비 상승 원인과 대처 방법

대상	원인	대처 방법
전기, 가스, 수도	켜진 전등 방치	• 아이들 타임(14:00~18:00) - 사용하지 않는 방은 반드시 소등한다(전등, 에어컨 등). - 교대로 사용 전력을 체크하여 관심을 갖게 한다. - 철저하게 냉동고와 냉장고 온도를 파악한다.
	효율성 악화	• 공조기 필터 청소 - 냉고와 냉장고의 성애를 제거한다. - 효율성이 좋은 불꽃 부분을 사용한다. - 효율성이 좋은 기기를 연구한다.
기타	그릇 파손	• 재질이 다른(철과 유리, 도기) 그릇은 함께 씻지 않는다. • 세척 트레이닝을 강화한다.
	낭비	• 기본용품(랩, 쓰레기봉투 등)을 하루에 어느 정도 사용하는지 상세하게 집계한다. • 전화 → 개인 전화 금지 • 물수건 → 객수와 비교(개인 사용 금지)

CHAPTER 09 · 대박 맛집은 경쟁에서 시작된다
CHAPTER 10 · 음식점의 경쟁력은 메뉴가 결정한다

대박집이 되는
'조건' 흡수하기

CHAPTER 09
대박 맛집은 경쟁에서 시작된다

요리를 통해 세상을 움직이다

모 단체가 주최한 국제요리경연대회가 '오색날개옷을 입다'라는 주제로 aT한국농수산유통공사에서 3일 동안 개최되었습니다. 이 대회는 역대 최대 규모인 5,000명의 선수가 참여한 가운데 열띤 요리경연이 펼쳐졌습니다. 본 대회에 참가하기 위하여 밤잠을 설치면서 오랜 시간 준비하여 경연에 참가한 선수들을 보면서 우리나라 외식산업의 미래를 볼 수 있는 좋은 기회라고 생각했습니다.

정부가 내건 대표적 캐치프레이즈(catchphrase)는 '문화 융성'입니다. 지금이야말로 우리 조리사의 위상과 가치를 인정받아야 합니다. 젊음의 열정과 창의로 우리의 값진 작품이 제대로 평가를 받아 한국의 음식문화를 새롭게 만들어가야 합니다. '나라는 발전했는데, 국민들은 과연 행복한가?', '우리 사회가 지나치게 물질과 성장 위주의 사회로 치닫는 것은 아닌가?' 하는 질문에 대한 답을 문화를 통해 찾자는 것입니다.

조리사라는 직업이 얼마나 행복한 직업인지 다시 한번 생각해 보아야 합니다. 조리 분야에서도 요리를 통해 세상을 움직이는 인물이 탄생해야 합니다. "미치면 이기고 지치면 진다!"라고 가수 싸이가 이야기한 것처럼 조리 분야에서 미쳤다는 소리를 듣는 젊은이가 많이 탄생해야 합니다. 필자는 "지치면 죽고 미치면 산다."고 생각합니다.

놀이와 일을 기계적으로 구분하던 이분법의 시대는 끝났습니다. 쉬지 않고 뽕만 따는 사람보다, 뽕도 따고 님도 봐야 다음 날 또 뽕을 따고 싶어집니다. 노는 것처럼 일하고, 일하는 것처럼 놀아야 일 자체가 즐겁고 사회도 행복해집니다.

필자는 조리에 대한 집중력을 통하여 위대한 요리사가 새롭게 많이 탄생하기를 진심으로 바랍니다. 그래서 스타 점포의 경쟁력을 높여 우리 음식을 통한 세계화의 중심에 독자 여러분이 주인공이 되어야 합니다. 그러기 위해서는 철저한 자기 관리가 필요합니다.

집중력의 중요성

젊을 때 건강을 잃게 된다면 큰일을 할 수 없습니다. 젊음의 비법 중 가장 중요한 것은 꼭 아침식사를 하고, 4시간 이상 숙면을 취하는 것입니다.

집중력이란, 오직 그 자체에만 온정신과 신경을 쓰는 것을 말합니다. 같은 시간을 공부해도 학생들의 성적이 다른 것은 바로 집중력의 차이 때문입니다. 따라서 공부를 잘하려면 집중력을 키워야 하는데, 집중력은 본인 스스로 적극적인 노력에 따라 달라질 수 있습니다. 집중력을 키우기 위해서는 자신의 집중력을 방해하는 요건을 정리해서 제거해야 합니다. 예를 들어 스마트폰이나 오락, TV를 멀리해야 합니다. 그리고 가족 관계, 컴퓨터, 공부방 환경, 친구, 자신의 성격이나 관심 분야 등 집중력을 방해하는 요인이 무엇인지 찾아내고, 이것을 해결해 나가는 노력이 필요합니다.

집중력을 키워주는 몇 가지 방법을 소개합니다.

❶ 학습계획표를 작성할 때 충분히 집중해서 공부할 수 있는 짧은 단위의 시간계획표가 효과적이다.

❷ 책상 위를 깨끗하게 사용해야 한다. 공부에 필요한 것을 사용했으면 그때그때 치우면서 공부한다. 산만함은 집중력을 떨어뜨린다.

❸ 두뇌 활동을 활발하게 하기 위해 하루에 4시간 이상의 숙면이 필요하다. 또한 피곤해서 졸리면, 억지로 잠을 참지 말고 1시간 이내로 짧게 잠자고 난 후 정신을 집중하는 것이 효과적이다.

❹ 공부방의 온도는 18~20℃ 정도가 적당하고, 자주 환기를 시켜서 신선한 공기를 공급해야 한다.

❺ 가사와 비트를 중시하는 대중음악을 듣는 것은 집중력을 떨어뜨려서 학습 효과를 악화시킨다. 그러나 고전음악이나 클래식을 들으면 마음이 안정되어 집중력 향상에 도움이 된다.

❻ 휴대폰은 공부에 대한 집중력을 방해한다. 대화와 소통을 나누는 좋은 기능보다 정신 집중을 빼앗아가는 기능이 훨씬 더 많으므로 주의해서 사용해야 한다.

❼ 컴퓨터 게임에 지나치게 빠져들지 않도록 확실하게 자기통제를 해야 한다. 컴퓨터 게임을 할 경우에는 일정한 요일과 시간을 정해 부모님께 알리고 통제를 받는 것이 좋다.

❽ 아침식사는 두뇌 활동을 왕성하게 도와주는 힘을 주므로 부족하게 해야 한다. 배부르게 식사를 하면, 산소가 많은 신선한 피가 두뇌로 가지 않고 위장으로 가기 때문에 졸리므로 주의한다.

한국 젊은이들의 꿈에 대한 집중력과 열정이 한식이 세계를 향해 힘찬 걸음을 내딛을 수 있는 원동력이 될 수 있기를 바랍니다.

성공 음식점을 위한 위생 등급

요즘 음식점을 경영하기가 너무 힘들다고 많은 분들이 하소연하십니다. 필자도 매우 어려운 여건이라는 것을 충분히 이해할 수 있습니다. 밀가루 등 식재료값의 인상뿐만 아니라 AI(조류인플루엔자) 발생, 메르스 사태 등 우리의 주변 여건은 더욱 힘들어지고 있습니다. 잘 나가던 외국 브랜드 음식점들도 점포 수를 줄이고 축소 경영하는 것을 보면, 지금의 현실이 외식업의 매우 심각한 위기라는 것을 보여줍니다. 어쩌면 이러한 '위기-어려움'의 구렁텅이에 빠져 다시는 헤어나지 못할 수도 있습니다.

하지만 한편으로는 또 다른 기회이기도 합니다. 지금 상황이 매우 어려운 시기인지, 또 다른 기회인지는 바로 나 자신이 결정하는 것입니다. 어려울수록 초심으로 되돌아가서 그야말로 우리 음식점만의 표준 매뉴얼을 만들어야 합니다.

미국에서는 맛, 서비스, 위생이 바로 돈이라고 합니다. 식당 정문에 A, B, C와 같은 등급 표시를 볼 수 있는데, 이것은 업소의 위생 상태를 나타내는 표시입니다. A등급은 100점 만점 가운데 90점까지, B는 80~90점, C는 70~79점입니다. 결국 A는 우수한 업소, B는 양호한 업소, C는 위생 관리 상태가 안 좋은 업소입니다. 또 70점 이하는 위생 상태가 상당히 불량한 업소라는 의미로, 점수 카드를 달게 됩니다.

인스펙터는 사항에 따라 6점, 4점, 1점씩 점수를 깎습니다. 예를 들어 종업원들이 손을 씻지 않거나 업소에 일회용 타월이나 비누가 없으면 6점, 종업원이 일을 하는 도중에 음식을 먹는 경우 4점, 앞치마가 더러울 경우 1점이 각각 감점되는 등 공공위생 규정이 매우 다양하고 엄격합니다.

다음은 미국의 위생 등급과 관련된 사항입니다.

① LA 카운티에만 위생 등급 시행 중

위생 등급은 LA 카운티에만 있습니다. 같은 카운티라도 롱비치나 패서디나 같은 카운티에서는 해당 시 보건국의 인스펙션을 받지만, 등급 부착 시스템이 없습니다. 하지만 등급 제도가 곧 인근 카운티로 확산될 것으로 보입니다. 왜냐하면 등급 제도를 실시해서 업소들의 위생 상태가 좋아졌기 때문입니다.

② 위생 등급이 있는 업소

위생 등급은 헬스 라이선스를 가지고 있어야 하고, 밀봉되지 않은 음식이나 잠재 위해 식품을 조리 및 취급하는 업소의 등급을 매기는 기준입니다. 잠재 위해 식품은 상하기 쉬운 음식을 의미하는데, 육류, 가금류, 유제품, 어류 등 고단백 식품이 여기에 해당됩니다. 만약 이런 식품을 잘못 취급할 경우에는 점수가 많이 깎입니다.

③ 인스펙션 기간 및 제재

보건국 검사관이 적어도 6개월에 한 번 이상, 정기적 또는 비정기적으로 업소를 방문하여 검사합니다. 검사 기간은 업소 상태나 보건국의 검사 스케줄에 따라 달라지는데, 검사 결과에 따라 위생 등급이 달라집니다. 그리고 심각한 위반 사항이 적발되면 지적이나 제재를 받습니다. 위생법에 따르면 1년에 2회 이상 C 등급을 받으면 영업 정지를 당합니다. 하지만 이러한 제재만 있는 것이 아니라 A를 연속으로 3번 이상 받으면 보건국에 표창장을 신청할 수 있습니다. 표창장은 위생 우수 업소임을 나타내는 증명서입니다.

④ 업소를 시축 및 개축했을 경우

실내 공사를 마무리했다고 무조건 영업을 시작해서는 안 되고, 반드시 보건국의 검사와 허가를 받아야 합니다. 일부 업주들은 공사 기간이 오래 걸리면 급한 마음에 영업을 시작하는 경우가 많은데, 주의해야 합니다.

⑤ 등급에 따른 고객의 반응

좋은 위생 등급을 유지하면, 매상이 오르는 것은 당연한 이치입니다. 게다가 나중에 식당을 팔 때도 유리합니다. A등급을 유지하던 업소가 갑자기 C등급이 될 수 있는데, 이렇게 되면 매상이 크게 떨어집니다.

⑥ A등급을 유지하는 법과 등급을 올리는 법

　등급이 낮게 나오면, 검사 보고서를 검토하고 지적 사항을 최대한 수정 보완해야 합니다. 지적 사항을 크게 분류해 보면 식품 다루는 법, 종업원의 위생 상태, 시설 및 장비, 용품 문제 등이 있습니다. 특히 업소 안에서 해충이 발견될 경우에는 즉시 영업 정지 처분을 받을 수 있습니다. 좋은 등급을 유지하거나 등급을 높이려면, 카운티 보건국에서 발행한 '요식업소 식품 검사 지침서'에 항목별로 나열되어 있는 위반 사항과 감점 내용을 정확하게 파악해서 지침대로 실행해야 합니다.

　이러한 위생 등급 상식을 토대로 우리 점포를 체크해 봅시다. 과연 위생 점수는 몇 점인지 확인하고 오늘부터라도 새롭게 하나하나 정리정돈해 봅시다. 달라진 우리의 음식점을 보고 많은 고객들이 칭찬과 박수를 보낼 것입니다.

　음식점에서 가장 비싼 것은 바로 '빈 의자'라고 합니다. 빈 의자 없는 오늘을 위하여 자신이 직접 빗자루를 들어야 할 때입니다.

음식점의 경쟁력은 메뉴가 결정한다

메뉴 개발 계획 세우기

요즘은 모든 업종이 전문화되어 가고 있습니다. 외식업도 예외는 아니어서 자신 있게 내세울 전문 메뉴가 필요합니다. 이때 반드시 고려해야 할 사항은 '어떤 고객을 상대로 할 것인가?'와 '가격은 어떻게 구성할 것인가?'입니다.

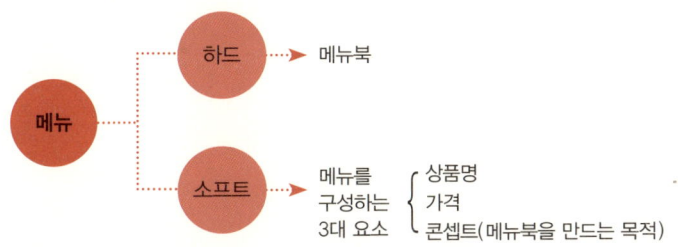

▲ 메뉴를 구성하는 요소

1 메뉴를 개발할 때의 실천 사항

상품, 즉 메뉴를 만들 때 이것만은 꼭 실천해야 합니다.

① 유사 메뉴를 판매하는 전국 유명 식당을 5개 업소 이상 방문하여 차이점을 분석합니다.
> **예** 맛(소스, 메뉴, 재료), 담기(음식의 양, 모양, 그릇), 스피드, 가격, 반찬, 음식 온도, 식탁, 카스타 세트, 수저 등을 파악

② 재료 판매처와 산지를 매월 한 곳 이상 방문하여 식자재의 종류와 신선도의 특징을 연구합니다.

③ 팔고 있는 메뉴의 조리 방법을 다르게 하여 하나의 메뉴를 월 3회 이상 만들어 봅니다.

④ 한 달에 한 번씩 서점에 들러 요리책과 외식경영 관련 도서 한 권 이상을 사서 봅니다.

⑤ 3개월에 한 번은 강연회나 세미나에 참석합니다.

⑥ 특별한 서비스 음식을 맛있게 만들어서 고객에게 무료로 제공합니다.
> **예** 한식당 - 뚝배기 계란찜, 양식당 - 특별히 만든 빵(아웃백 스테이크 하우스의 부시맨빵), 중식당 - 마늘종과 풋고추 한 접시, 커피숍 - 계절과일 한 조각, 고깃집 - 통고구마나 통감자를 구워 먹을 수 있도록 랩에 싸서 제공

⑦ 대표 메뉴의 경쟁력을 높이고 고객의 형태에 적합한 메뉴가 있는지 검토합니다.
> **예** 어린이 메뉴, 점심 특선 메뉴, 회식 메뉴, 단체 메뉴, 노인 메뉴, 커플 메뉴, 가족 메뉴, 세트 메뉴, 오피스가라면 공휴일 스페셜 메뉴, 포장판매 메뉴 등

2 메뉴의 분류와 종류

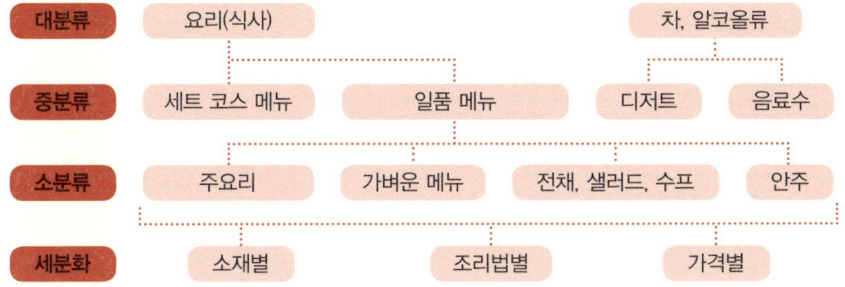

▲ 메뉴 구성상의 분류

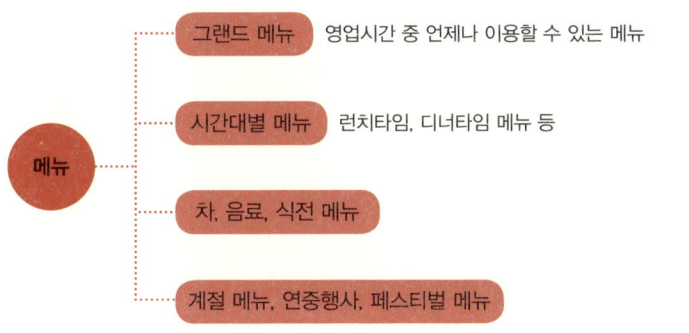

▲ 메뉴의 종류

3 메뉴판을 만드는 목적

메뉴판을 만드는 가장 기본적인 목적은 고객에게 무엇을 판매하고 있는 곳인지 정확히 알려 고객이 점포를 쉽게 선택할 수 있도록 하기 위해서이다. 그렇게 내점한 고객들이 쉽게 메뉴를 주문하여 매출 증대에 기여하게 할 수 있으며, 또한 고객뿐만 아니라 만드는 측에서도 불편함이 없도록 하기 위해 메뉴판을 만드는 것이다.

① 쉽게 알아볼 수 있는 메뉴판

처음에 펼치는 2~3페이지와 4~5페이지는 점포의 평균 객단가를 결정하는 중요한 페이지입니다.

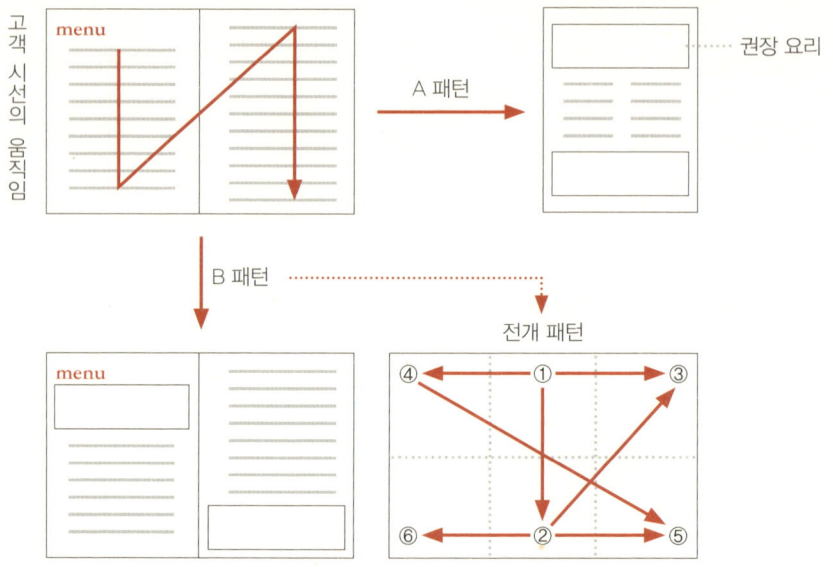

② 메뉴 개선 제작 흐름

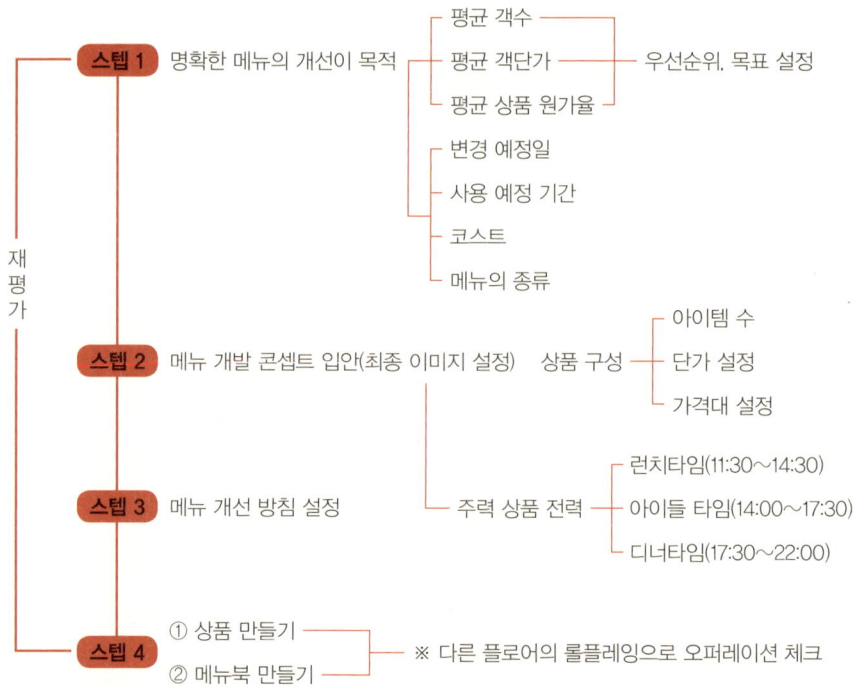

효과적으로 메뉴 개발하기

메뉴 개발 계획을 세웠으면, 고객에게 크게 어필할 수 있는 메뉴를 개발해야 합니다.

1 메뉴 콘셉트 구상

점포의 메뉴 콘셉트는 영업 콘셉트로부터 결정되는데, 영업 콘셉트를 결정하려면 먼저 정해진 물건에 대한 입지와 상권을 조사해야 합니다. 이러한 조사 내용을 분석해서 방향을 결정합니다. '영업 콘셉트는 어떤 상품을, 얼마에, 누구에게, 어떤 내점 동기로, 어떤 점포 분위기에서 고객을 유치할 것인가?' 등의 방향을 확정하는 것입니다. 업종, 업태, 타깃, 내점 동기, 점포 분위기를 결정하는 것을 말하는데, 이러한 영업 콘셉트 안에서 메뉴의 방향을 확정하는 것을 '메뉴 콘셉트'라고 합니다.

어느 레스토랑의 메뉴 콘셉트 중에서 신선한 샐러드와 수프 상품의 콘셉트 표를 작성해 봅시다. 우선 점포 전체에서 본 영업 콘셉트의 윤곽을 여기에서는 '워터사이드', '리조트', '레스토랑'이라고 정의합니다. 그다음에는 이 영업 콘셉트를 더욱 세분화하여 전체 상품 이미지, 즉 메뉴 콘셉트의 윤곽을 정합니다. 또한 메뉴의 상품군을 명확하게 해서 메뉴 전체를 중요도에 따라 우선순위를 결정하고 시간대별 이용 동기에 따라 신선한 샐러드와 수프에 대하여 어떠한 수요를 기대할 수 있는지를 생각합니다. 마지막으로 구체적인 상품 이미지에 맞는 판매가를 정합니다.

2 메뉴 가격을 정하는 방법

여기서 문제가 되는 것은 '구체적인 상품 이미지 항목으로, 1인분의 판매가를 어떻게 정해야 하는가?'입니다. '패스트푸드점', '패밀리 레스토랑', '패밀리 다이닝', '디너 하우스'라는 네 가지 업태가 있고, 이들 업태는 Q.S.C 레벨과 여기에 연동한 객단가에 의해 구분되므로 현장의 Q.S.C

레벨과 객단가를 합치시키는 것이 가장 중요합니다.

우리 점포 입지 및 객층 분석을 통해 패밀리 레스토랑의 영업 콘셉트가 가장 적합하다고 판단되면, 당연히 점포의 Q.S.C 레벨도 패밀리 레스토랑 레벨에서 추구해야 합니다. 또한 판매가도 패밀리 레스토랑 가격대인 2,500원부터 11,500원으로 설정해야 합니다.

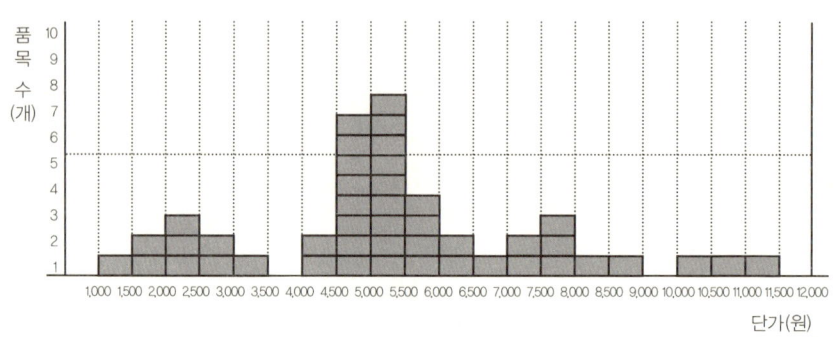

어느 패밀리 레스토랑 가격대 분석표

어느 대형 패밀리 레스토랑 메뉴(디저트와 드링크류를 제외한 식사만)의 가격대 분석표인데, 4,500원에서 7,500원 사이는 산으로, 1,500원에서 4,000원 사이는 중간 정도의 언덕으로, 그리고 7,500원에서 11,500원 사이는 숲으로 되어 있습니다. 이러한 산, 언덕, 숲으로 배치된 가격대의 메뉴는 패밀리레스토랑 수준의 음식점에서는 상당히 접근하기 쉽고 가치를 느끼게 해 주는 설득력 있는 메뉴가 됩니다.

한 가지 상품씩 판매가를 정하는 경우에는 결코 원가에서 판매가를 산출하는 방법을 이용하면 안 됩니다. 객단가를 얼마로 해야 하는지 정하고, 그 틀 속에서 상품을 만들도록 연구해야 합니다. 또한 패밀리 다이닝의 메뉴 가격대는 당연히 이러한 산과 언덕, 숲이 고단가쪽으로 이동해서 3,000원과 7,000원 사이에는 완만한 언덕이, 8,000원에서 13,000원 사이에는 산이, 그리고 13,000원에서 20,000원 사이에는 숲이 배치되어야 합니다.

디너 하우스의 경우에는 단품보다도 오히려 코스가 중심이 되기 때문에 이 가격대 분석표는 크게 도움이 되지 않습니다. 마찬가지로 패스트푸드점의 경우에도 극단적으로 메뉴를 구성하였기 때문에 이 가격대 분석표는 도움이 되지 않습니다. 그러나 디너 하우스나 패스트푸드점이라고 해도 고객들에게 점포에서 돈을 얼마나 쓰게 할지를 우선 정해야 합니다. 디너 하우스의 경우에는 메인 코스의 가격을 우선 정하고, 음료와 서비스 요금을 정해야 합니다. 패스트푸드점의 경우에는 주요 상품의 판매가를 정하고, 다음으로 주스나 커피의 가격을 정하여 1인당 몇천 원이 되도록 조정해야 합니다. 이와 같이 메뉴 가격은 그 점포의 업태에 따라서 정하는 것입니다. 업태를 무시한 상품 가격 결정은 틀림없이 고객에게 지지받지 못하므로 업태에 대한 충분한 인식과 이해가 중요합니다.

3 메뉴의 작성 순서

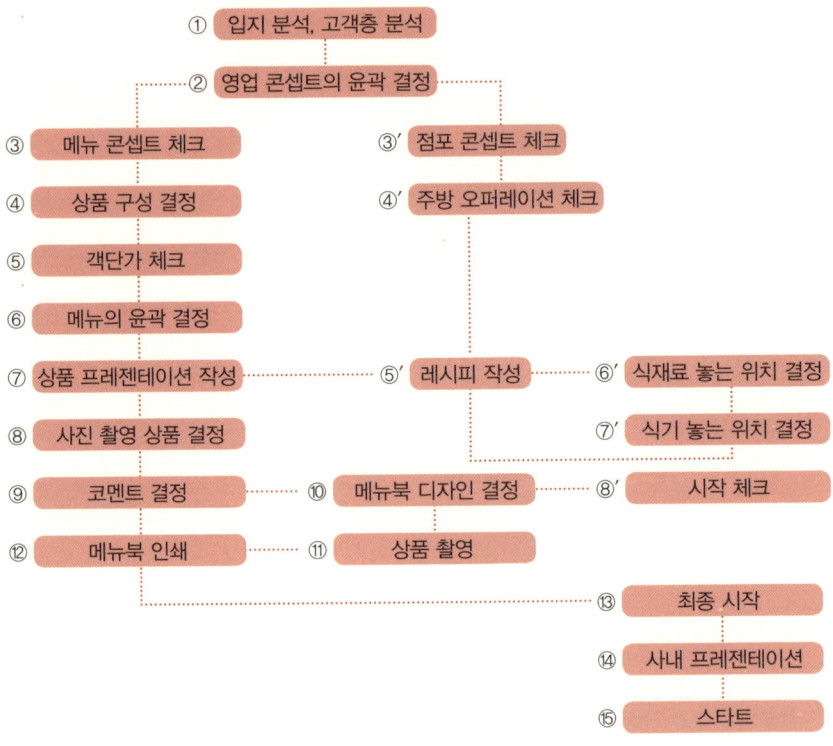

> **메뉴 콘셉트 구성**
> ① 고객층을 분석하여 입지와의 적합성을 체크한다.
> ② 영업 콘셉트의 윤곽을 정한다.
> ③ 메뉴 콘셉트와 점포 콘셉트가 잘 맞는지 적합성을 체크한다.
> ④ 상품 구성을 정한다.
> ⑤ 객단가를 체크한다.

여기까지 작업이 진행되면, 한편으로는 그 상품 구성에 맞는 주방 오퍼레이션 조리장을 디자인한 후 구체적인 메뉴 작성을 시작해야 합니다.

앞의 순서도는 메뉴 작성의 순서 일람표입니다. ①~⑤까지는 앞에서 설명했기 때문에 생략하고, ⑥부터 설명하겠습니다. ⑥은 구체적으로 게시되어 있듯이 점포의 경우에는 신선한 샐러드와 수프를 비롯하여 연회 관계 메뉴에 이르기까지 모든 부분을 118쪽의 표처럼 만들어가고 있습니다. 이것이 완성되면 ⑦의 상품 프레젠테이션 만들기를 시작합니다. 이때 사용할 집기를 한 가지씩 정하고, 플레이팅도 여기서 정합니다. 그리고 ⑤′의 레시피를 작성합니다. 이 레시피가 완성되면 ⑥′ 식재료의 보관 장소에서 사입을 마친 각 식재료를 어느 냉장고에 보관할 것인지를 정합니다. 보관 방법이 나쁘면, 조리사의 움직임 효율이 낮아져서 피크타임 때 조리 시간이 오래 걸리거나 이것을 커버하기 위한 인건비가 많이 듭니다. 이와 마찬가지로 식기도 어떻게 두어야 하는지 체크하여 위치를 정합니다. 이때 조리사가 최소 동작으로 손이 닿을 수 있는 장소에 식재와 식기를 두어야 합니다.

⑧ 메뉴북(메뉴판)에 사진을 넣는 경우에는 어떠한 상품을 촬영하여 메뉴북에 넣을 것인지 해당 상품을 정합니다. 최근 패밀리 레스토랑은 모든 상품을 촬영하여 메뉴북에 넣는 경우가 많은데, 이러한 경우에는 어떤 상품을 큰 사진으로 넣을 것인지를 정해야 합니다. 이때 이익률이 높은 자사에 유리한 상품만 이것저것 큰 사진으로 눈에 띄게 메뉴북에 넣어서는 절대로 안 됩니다. 고객들이 가장 흥미가 있고 관심도가 높은 상품은 전면에 넣어야 합니다.

사진 넣기가 끝나면 다음으로 상품 하나씩 코멘트를 만듭니다. 특히 주력해서 팔고 싶은 상품은 반드시 매력적인 코멘트를 넣어야 합니다. '알차고 즐거운 스테이크 코스'라는 식으로 알기 쉬운 코멘트를 붙입니다. '새우·오징어·게 크림크로켓의 버라이어티한 프라이'처럼 상품의 내용을 설명하는 코멘트도 여기서 검토합니다.

이러한 작업이 끝나면, ⑩ 메뉴북 디자인의 제작에 들어갑니다. 이 단계에서는 ⑧′ 조리장에서 실제로 플레이팅을 합니다. 프레젠테이션을 체크하면서 동시에 식재료와 맛, 조리법 등에 대해서도 체크합니다. 이러한 체크가 끝나면, 드디어 ⑪ 상품 촬영을 시작하고, ⑫ 메뉴북을 인쇄하면, 비로소 메뉴가 완성됩니다.

⑩에서 ⑫의 세 가지 순서의 내용에 대해서는 바로 아래의 '**4** 깔끔하고 정성스러운 메뉴북의 중요성'에서 상세하게 설명할 것입니다. 그리고 메뉴가 실제로 점포에 이르러서는 다시 한번 메뉴 레시피를 잘 맞추어 상품을 시작합니다. 그리고 조리하는 조리사와 주문을 받고 요리를 운반하는 홀의 종업원에게 한 가지씩 음식을 시식해 보게 하여 각각의 요리 내용과 맛을 충분히 이해시키고, 하나하나 세일즈 포인트를 가르치면 메뉴 판매를 시작할 수 있게 됩니다.

4 깔끔하고 정성스러운 메뉴북의 중요성

음식점 영업에서 메뉴북은 정말 중요합니다. 일반적인 상품 판매의 경우에도 상품을 소개하는 카탈로그의 역할은 매우 크기 때문에 자동차나 가전, 그리고 화장품 등도 카탈로그 제작에 전력을 기울이고 돈을 들입니다.

음식점의 메뉴는 음식점의 상품 카탈로그입니다. 그럼에도 불구하고 정성을 기울여야 할 메뉴북에 일반 음식업자들은 예산을 아끼고 투자하지 않습니다. 음식점 메뉴는 고객들에게 보내는 러브레터입니다. 애인에게 주는 러브레터가 손때로 더러워지면 안 되는 것처럼 인상한 가격을 종이에 써서 성의없게 고쳐놓으면, 애인의 마음도 고객의 마음도, 틀림없이 떠나버릴 것입니다. 그런데도 이런 메뉴북이 너무 많은 것이 현실입니다.

음식점의 메뉴북은 항상 그 점포의 주장을 명확하게 표현하면서 청결하고 정확해야 할 뿐만 아니라, 메뉴를 보는 고객의 마음이 즐거움과 기대감으로 두근거리게 할 수 있어야 합니다. 따라서 메뉴북을 만들 때는 과감하게 돈을 들여야 합니다. 점포의 연 매출의 1%, 예를 들어 연 매출 3억 원 정도의 점포라면 연간 300만 원의 예산을 메뉴북 제작에 책정하면 좋겠습니다. 만약 점포가 세 곳이라면 연간 900만 원의 예산을 메뉴북 제작비로 책정해도 절대로 손해가 없습니다.

고객의 마음을 사로잡을 수 있는 메뉴북 만들기에 대해 구체적으로 살펴보겠습니다. 업태별로 생각하면, 패스트푸드점의 메뉴는 카운터의 위쪽에 설치된 메뉴보드가 일반적입니다. 지극히 기본적인 메뉴판은 사진을 넣은 메뉴판이지만 이 사진에 '어느 정도의 힘을 기울이느냐'가 관건입니다. 사진의 색이 바래도 무사태평하고, 가격표가 떨어져도 신경쓰지 않으면 낙제입니다. 그러므로 메뉴보드를 항상 잘 손질하여 아름다운 메뉴보드를 유지하는 마음가짐이 중요합니다.

다음으로 패밀리 레스토랑 메뉴입니다. 대형 패밀리 레스토랑의 훌륭한 사진을 넣어 만든 메뉴북 스타일이 일반화되고 있습니다. 이러한 메뉴북은 8~10페이지 분량이지만, 패밀리 다이닝의 메뉴는 구성 방법이 전혀 다릅니다. 우선 패밀리 레스토랑은 비교적 손이 가기 쉬운 샐러드나 가벼운 식사로 시작하는데, 팔고 싶은 객단가 8,000~13,000원 정도의 상품이 전면에 나와야 합니다. 따라서 이러한 차이를 정확하게 이해하는 것이 중요합니다.

패밀리 레스토랑에서는 객단가를 올리고 싶은 마음을 메뉴에 나타내어 맨 처음 페이지에 10,000원 전후의 스테이크류를 게재하는 경우가 많습니다. 하지만 이렇게 하면 객단가 6,000원 전후의 패밀리레스토랑의 고객층은 메뉴를 펼치는 순간 굉장히 비싸다고 느껴 다시는 오지 않을 수 있습니다.

패밀리 레스토랑에 들어와서 비싼 상품을 원하는 고객은 정중하게 마지막 페이지까지 메뉴북을 넘깁니다. 따라서 패밀리 레스토랑 수준의 점포에서는 메뉴북의 첫 페이지에 가벼운 상품부터 소개를 시작하는 것이 바람직합니다.

디너 하우스의 메뉴북은 전문점이기 때문에 메뉴 상품 수가 상당히 함축되어 있어서 단순하고 명쾌하게 해석됩니다. 또한 메뉴를 쓰는 법도 전체요리에서 주요리와 디저트인 마지막까지 식사 순서에 따라 쓰여 있어 메뉴를 만들기가 매우 쉽습니다. 하지만 알코올류 등은 매우 다양하여 전문적인 지식이 필요합니다.

업태별 상품 구성의 특성

	상품 아이템 수(품목)	평균 단가(원)	추정 평균 객단가(원)
패스트푸드점	15~40	1,000~6,000	3,000~5,000
패밀리 레스토랑	80~150	1,500~12,000	7,000~10,000
패밀리 다이닝	50~80	3,000~20,000	15,000~25,000
디너 하우스	25~50	4,000~50,000	30,000 이상

이렇게 메뉴북을 만드는 방법도 업태에 따라 전혀 다릅니다. 이것을 혼동하여 패밀리 레스토랑인데도 디너 하우스 메뉴 스타일을 선택하거나, 디너 하우스인데도 패밀리 레스토랑 스타일로 제작한다면, 고객들은 도망가거나 실망합니다. 패스트푸드점, 패밀리 레스토랑, 패밀리 다이닝, 디너 하우스, 이렇게 네 가지 업태는 각각의 업태에 따라서 명확하게 아이템 수도 다르고, 각 상품의 다양성도 다르기 때문에 이러한 점을 충분히 이해한 후에 메뉴북을 만드는 것이 중요합니다.

지금까지의 메뉴북은 비교적 매상고가 있는 음식점의 사례였습니다. 따라서 중소규모의 경우에는 또 다른 방법으로 메뉴북을 작성해야 합니다. 연 매상 5,000만 원 정도의 중소규모 음식점에서는 사진을 넣은 메뉴북의 예산을 세울 수 없으므로 거의 돈을 안 들이고 메뉴북을 만드는 경우가 많습니다. 가능한 한 알기 쉬우면서도 재미있게 만들기 위해서는 글자체와 일러스트 등에도 신경을 쓰고 디자이너에게 자신의 의도를 충분히 설명해야 합니다. 손으로 쓰거나 워드프로세서로 작성한 메뉴북은 고객들이 결코 좋아하지 않습니다.

지금까지 설명한 일반적인 메뉴북을 '그랜드 메뉴'라고 하며, 이것은 일반적으로 1년 동안 변하지 않습니다. 다만 사계절의 변화에 따라 계절상품을 팔거나, 계절에 맞는 요리를 팔려고 하는 경우에는 끼워 넣는 메뉴를 사용해야 합니다.

메뉴가 성공을 결정한다

음식점을 번성하게 하려면 메뉴 전략이 매우 중요합니다. 메뉴 콘셉트나 메뉴북을 만드는 방법에 대해서는 앞에서 설명했습니다. 하지만 무엇보다도 상품 자체의 힘이 없으면, 아무리 메뉴 전략을 잘 짜도 전혀 의미가 없습니다. 결국 하나하나의 상품이 '고객에게 어느 정도 설득력이 있는가?' 하는 것이 문제가 되고, 이러한 설득력이야말로 고객을 점포로 끌어들이는 최대의 무기라고 할 수 있습니다.

1985년에 미국의 체인스토어 이론이 우리나라에 도입되면서 Q.S.C의 밸런스만 좋아지면 나름대로 고객들을 모을 수 있었습니다. 오퍼레이션만 확실하게 해 두면, 국내 기존 음식점을 이길 수 있다는 생각이 크게 확대되어 냉동식품이나 1차, 2차 가공된 식재료만으로 상품을 구성한 패밀리 레스토랑이 급속하게 확대되었습니다. 한편에서는 점포의 규모나 패션면에만 비중을 두어 냉동식품이나 레토르트 식재료로 거의 모든 요리를 하는 카페나 선술집이 1985년 말부터 우후죽순 생기기 시작했습니다. 하지만 소비자의 생활 수준이 향상되면서 고품질을 추구하게 되어 상품력이 떨어지는 점포는 점점 소비자들의 발걸음이 뜸해지고 있습니다.

앞으로는 디너 하우스 레벨의 전문점뿐만 아니라 패밀리 레스토랑이나 패스트푸드점은 물론, 카페나 캐주얼 레스토랑에서도 상품력이 없으면 고객으로부터 지지를 받지 못합니다. 그래서 음식점을 번성시키는, 정말로 설득력 있는 상품 개발이 매우 중요합니다. 음식점의 상품 개발의 포인트는 다음과 같은 다섯 항목으로 정리할 수 있습니다.

1 우리 음식점 영업 콘셉트에 맞는 상품 개발하기

음식점의 고객층과 영업 콘셉트의 밸런스가 맞는지 체크하고, 적합성이 가장 중요하다고 앞에서 여러 번 강조했습니다. 예를 들어 패스트푸드점과 패밀리 레스토랑, 디너 하우스에는 맞는 상품이 각각 따로 있습니다. 패밀리 레스토랑에서 디너 하우스의 언더소스 햄버그를 제공하거나 작은 접시 요리로 메뉴를 구성하면, 당연히 고객은 이상하다며 머리를 갸우뚱거릴 것입니다.

가격은 그대로 유지하면서 한 단계 위의 상품을 제공하는 것이 고객을 기쁘게 하는 것이라고, 음식점의 점주들은 흔히 착각합니다. 그러나 패밀리 레스토랑에서 일반 고객들은 결코 디너 하우스 레벨의 상품을 요구하지 않습니다. 패밀리 레스토랑 본래의 '부담 없음'을 추구하러 오는 것이므로 이러한 '부담 없음'을 고려하여 상품을 만드는 것이 중요합니다. 이것을 실패한 예도 흔히 볼 수 있습니다.

일식 패밀리 레스토랑에서 초밥이나 튀김요리를 팔기 위하여 카운터를 설치하거나, 카운터석에 고객을 앉게 하여 영업하는 경우가 있습니다. 이러한 점포들은 대중적인 패밀리 레스토랑 레벨을 잊어버리고 영업하는 것이어서 결과적으로 고객들을 도망가게 합니다. 상품을 하나씩 정할 때 어느 레벨, 어떤 영업 형태의 점포 상품인가를 명확하게 정하고, 그 영업 형태의 틀에서 벗어나지 않도록 신경을 쓰는 것이 가장 중요합니다.

이것은 상품 자체의 내용뿐만 아니라 식기를 정하는 방법에서도 똑같습니다. 패밀리레스토랑에서는 반드시 패밀리레스토랑 레벨의 식기가 요구되고, 디너하우스에서는 디너하우스 레벨의 식기가 필요합니다. 패밀리레스토랑에서 패스트푸드점 레벨의 멜라닌 접시나 발포 스티로폼 그릇을 사용하면 고객에게 호응받지 못합니다. 반면 도자기와 같은 고급 식기는 고객들을 오히려 주눅 들게 만들므로 중간 정도의 식기가 적당합니다. 그러므로 이러한 상품을 개발할 때 우선 각각의 업태와 레벨에 맞는 상품 내용과 프레젠테이션이 중요합니다.

2 정성껏 상품 개발하기

우리 점포에서 어떤 상품을 판매할 것인지 정해야 합니다. 즉 간판 상품을 선정하는 것입니다. 지금까지 패밀리레스토랑이나 캐주얼레스토랑, 그리고 선술집 등에서는 해당 점포의 영업 형태에 너무나 제한적이어서 메뉴의 변화에만 신경 쓴 결과 "이 가게는 무엇이 맛있다!" 등의 소리를 고객에게서 많이 듣지 못했습니다. 하지만 앞으로의 고객들은 틀림없이 "ㅁㅁㅁ점의 ㅇㅇㅇ이 먹고 싶다."라는 식으로 점포를 선택할 것입니다. 이에 대비해 패밀리레스토랑에서도 점포의 자기 주장을 펼쳐야 할 때가 올 것이므로 상품에 우리 점포의 특성을 살리는 데 최선을 다해야 합니다.

예를 들어 햄버거를 제공하는 경우 철판을 달구고 고객 테이블 위에서 소스를 살짝 얹으면, 그 순간에 '칙~' 하고 수증기가 솟아오릅니다. 이렇게 철저하게 표현하는 것도 그 점포만이 갖는 하나의 특성이 될 것입니다. 이것은 말로는 간단하지만, 실제로 점포에서 실행해 보면 매우 어렵습니다. 무엇보다 이것은 철판히터를 설치해야 할 수 있는 작업입니다. 또한 이 햄버거를 철판에서 구우면, 아무래도 기름기가 철판 위에 남아서 햄버거를 그릴에서 제공용 철판으로 옮길 때 맛없는 기름도 함께 묻게 됩니다. 하지만 이것을 숯불구이로 하면, 햄버거에서 나오는 기름이 숯불에 떨어지고, 떨어진 기름이 숯불 속에서 타면서 연기가 피어올라 맛있는 햄버거를 만드는 것입니다. 따라서 철판보다 수고가 좀 더 들지만, 숯불구이로 바꾸는 배려가 상품력의 결정적인 요소가 될 것입니다.

앞으로는 국수점이나 우동점에서도 저가 밀가루 대신 일류 밀가루만 사용하는 등의 차별화가 필요합니다. 또한 샐러드를 제공하는 경우에도 구입한 양상추나 오이, 토마토에 대한 배려뿐만 아니라 구입한 후에도 보관, 사전 준비, 스탠바이, 담기에 이르기까지 정해진 모든 것을 전체 종업원들에게 빠짐없이 정확하게 시켜야 합니다. 그리고 우리 점포가 요구하는 샐러드의 레벨로 고객들이 먹었을 때 양상추는 아삭아삭하고, 오이는 싱싱하며, 차가운 요리는 차가워야 한다는 식으로 주의를 기울이는 것이 중요합니다. 이러한 요리 방식과 제공 방법, 그리고 식재료에도 계속 관심을 가져야 합니다.

3 주의해서 정성껏 식재료 개발하기

식재료에 대해서도 세심한 주의를 기울여야 합니다. 상품을 개발할 때 가장 커다란 결정 요소가 되는 것은 식재료에 대한 지식과 이해의 수준입니다. 일반 대중 레벨 음식점에서는 식재료에 대한 이런 지식이 없습니다. 게다가 대부분의 주방 일을 주방 책임자에게 맡긴 업주들은 식재료에 대한 지식도 어둡습니다.

좋은 상품을 개발하려면, 채소 도매시장, 어시장, 고기시장 등에 직접 나가서 식재료를 하나하나 손으로 만져보고 공부해야 합니다. 가능하면 직접 농가나 부두에 나가서 생산자에게 묻기도 해야 하고, 고기의 경우에는 높은 지식과 정보를 갖고 있는 햄 회사 등을 찾아가서 공부해야 합니다. 이렇게 경영주나 상품 개발 담당자가 하나하나의 식재료에 대해 학습

하는 것에서부터 상품 개발은 시작됩니다.

 예를 들어 무 하나에도 열무, 총각무 등이 있고, 무의 용도도 각각 다릅니다. 양상추나 토마토도 각각의 산지에 따라서 맛과 질이 다르고, 생선과 고기의 질도 계절별, 생산지별에 따라 굽는 법 등이 달라집니다. 상품 개발 담당자는 반드시 이러한 성질과 구분법을 알고 요리해야 합니다.

 낙지의 경우에도 근해에서 잡은 것과 원양에서 잡은 것이 다른데, 이러한 차이를 구분하는 방법 정도는 알아두어야 합니다. 원양에서 잡은 낙지는 빨판이 팥죽색이나 핑크색이고, 빨판 안은 흰색입니다. 하지만 근해에서 잡은 낙지는 빨판의 겉과 안이 모두 약간 검은 팥죽색을 띠고 있습니다.

 고기도 마찬가지입니다. 소고기, 돼지고기, 양고기, 그리고 닭고기에 대하여 어느 정도 지식이 있어야 합니다. 소고기의 부위를 상품 개발 담당자가 숙지하고 있는지, 등심, 안심, 우둔살, 양지, 목살, 사태 등 모든 부위와 각각의 부위가 어느 요리에 알맞은가를 알고 있는지, 좋은 소고기 구별법을 알고 있는지에 대해 "먹어보지 않고는 모릅니다."라고 말해서는 곤란합니다. 소고기는 색으로 대충은 좋고 나쁨을 알 수 있습니다. 붉은색을 너무 많이 띠고 있으면 황소나 나이 먹은 소, 또는 발육이 나쁜 소입니다. 젖소나 젊은 소는 색이 엷기 때문에 붉은색이 약간 돌아야 육질이 좋습니다. 그리고 고기의 기름색으로도 식별할 수 있습니다. 기름이 끼어 있는 부분에 윤기가 있고, 희거나 우유의 빛깔을 지닌 고기가 맛이 좋습니다. 그러나 노란색이면 송아지를 여러 번 낳은 소의 고기이므로 맛이 덜합니다. 최근에는 국산 소보다도 수입 소가 많아서 고기의 분별이 더욱 어려워지고 복잡해졌습니다.

일반적으로 풀만 먹이는 호주 소보다 곡물로 사육하는 미국 소가 맛이 더 좋습니다. 이러한 수입 소의 경우에는 현지에서 고기를 포장한 팩에 따라서 고기의 질에 차이가 납니다. 즉 미국 소는 IBP, 스팬서, 킹미트, 에펠 등의 팩커가 좋습니다. 그리고 오스트레일리아 소의 경우에는 워커즈, 모어필드, 오키, 길버트슨 등의 팩커가 좋은 고기를 공급하고 있습니다. 이와 같이 채소, 생선, 고기뿐만 아니라 조미료, 스파이스에 이르기까지 기초부터 공부하고, 생산지까지 나가서 식재료의 취급법과 성질을 하나하나 알아본 후에 상품 개발에 임해야 비로소 진정 설득력이 있는 신상품을 만들 수 있습니다.

4 주방 동선을 고려해 상품 개발하기

조리에 대하여 전혀 모르는 경영주와 상품 개발 담당자가 신상품 개발에서 가장 크게 저지르는 오류는, 주방 오퍼레이션을 무시한 채 상품을 개발하는 것입니다. 구체적으로 말하면, 우동집에서 객단가를 올리려는 목적으로 튀김을 곁들인 상품, 예를 들어 새우튀김 국수 등을 메뉴에 넣는 경우입니다. 그렇지 않아도 바쁜데 튀김을 곁들인 요리가 점점 늘어나면, 튀김을 튀길 시간이 걸립니다. 그래서 다른 우동은 이미 만들어졌는데도 튀김이 튀겨지는 것을 기다리게 되어 결국은 객석 회전율을 떨어뜨리는 결과를 초래합니다. 게다가 객단가를 올려서 매상을 늘리려고 했지만, 결국 매상이 오르지 않아 오히려 고객들에게 "요리가 늦게 나온다."는 불만만 사게 됩니다. 고객에게 요리를 빨리 제공하는 것은 상품력의 조건이므로 신속 제공을 배제한 상품 개발은 피해야 합니다.

이와 똑같은 경우는 많습니다. 다른 점포와의 차별화를 위하여 스파게티를 주문받은 후 면을 삶습니다. 바로 삶은 면은 확실히 맛있지만 스타게티면을 삶는 데는 최소 10분이 걸리기 때문에 요리를 빨리 제공할 수 없습니다. 하지만 스파게티면을 7분 정도 삶아놓았다가 주문이 들어오면 4~5

분 정도 다시 한번 삶아내는 방법도 연구해 볼 필요가 있습니다.

일식점에서 앞에서 예를 든 튀김을 비롯해서 회, 초밥 등을 첨가하는 경우에는 이러한 주방 동선을 충분히 고려한 후에 새로운 메뉴를 추가해야 합니다. 중화요리점의 경우에는 불판 냄비에서 만들어지는 상품만 개발하면, 그 냄비 동작에만 매달리게 되어 아무것도 할 수 없게 됩니다. 게다가 양식의 경우에는 주문이 들어온 후에 고기를 하나씩 잘라내면 틀림없이 일에 눌려버릴 것입니다.

5 독창성 있는 상품 개발하기

상품 개발의 최대 결정 요소는 그 상품이 갖는 '오리지널리티(originality)'입니다. 오리지널리티라고 하면 진귀한 것 또는 눈에 띄는 것이라고 생각하기 쉬운데 결코 그런 것만은 아닙니다. 즉 음식점의 영업 콘셉트에 맞추어 식재료를 잘 구성하고 일상적인 것에 창의성을 발휘해 연구해서 다른 음식점과의 차별화에 성공하는 것을 말합니다. 결코 다른 음식점의 히트 상품을 어떠한 사상도 없이 자기 음식점의 메뉴에 도입해서는 안됩니다. 다른 음식점의 히트 상품이 히트하는 이유나 진리를 이해하지 않고, 단지 상품만 흉내내어 도입해서는 고객들이 절대로 그 신상품을 지지하지 않습니다. 독창성 있는 상품을 만들려면, 주위에 대한 세심한 배려와 소비자의 요구 사항을 꾸준히 연구해서 기본적인 사항을 반복해야 합니다. 그리고 이렇게 연구하는 과정에서 상품의 독창성이 생길 수 있다는 사실을 기억해야 합니다.

우리 주변에는 맛에 대한 전문가가 많습니다. 전문가를 활용하는 방법도 비용을 최소화 방법 중의 하나입니다. 점포의 매출에 따라 무료 또는 정부가 90% 부담하는 소상공인시장진흥공단과 한국농수산유통공사에서 제공하는 컨설팅과 코칭 분야를 활용하여 우리 점포에 적합한 컨설턴트를 선정하여 메뉴를 개발하는 것도 좋은 방법입니다.

CHAPTER 11 · 저성장시대 경쟁력 높이기

CHAPTER 12 · 성공하는 경영주의 역할과 직무

PART 04

대박집으로 우뚝 서기

저성장시대 경쟁력 높이기

맛은 정직하다

　대구에서 강의가 있어 택시를 탄 적이 있습니다. 택시 운전기사는 전국 6대 광역시 중 가장 어려운 도시가 바로 대구라고 이야기했습니다. 이 말을 듣고 나서인지 차창 밖에 보이는 대구의 상권은 말이 아니었습니다. 이러한 상황에서 사람들에게 외식업에 대해 강의한다고 생각하니 왠지 마음이 무거워졌습니다. 시간이 되어 강의를 시작했는데, 다행히 참석자들의 표정은 생각보다 밝았습니다. 만약 참석자들의 표정이 무겁고 힘들어 보였다면 그 강의는 실패한 강의가 되었겠지만, 참석자들의 표정을 보니 기운도 얻고 자신감도 생기기 시작했습니다. 힘차게 박수치고 인사하는 대표를 보니 '세상은 참 마음먹기에 달려있구나!'라는 생각도 들었습니다.

　힘들 때일수록 자신을 발견해야 합니다. 힘들 때일수록 원칙을 지켜야 합니다. 힘들 때일수록 새롭게 변화해야 합니다. 지금은 새로운 변화를 잡을 수 있는 절호의 기회입니다. 우리 음식점을 새롭게 변화하고 도약할 수 있는 발판을 마련할 기회입니다.

혹독한 IMF 외환위기 때 시련을 겪으면서 기업들은 더욱 강해지고 튼튼해져 위기를 극복할 수 있는 자생력을 갖추기 시작했습니다. 외환위기의 어려움을 슬기롭게 극복한 우리 주변의 음식점들은 기업형 규모로 변했습니다. 그렇다면 또다시 찾아온 어려운 경제 환경에서 살아남는 길이 과연 무엇인지 곰곰이 생각해야 합니다. 우선 지금부터 우리 음식점의 대표 음식은 무엇인지, 이 음식이 사람들에게 얼마나 인정받고 있는지 살펴보고, 주변 지역과 우리나라에서 가장 맛있는 음식이 되도록 자신 있게 만들어 봅시다.

음식점 사장들은 오랫동안 음식장사를 했지만, 정작 귀한 고객이 오면 자신 있게 소개하지 못합니다. 왜냐하면 본인 스스로 자신의 음식에 대한 자신감이 없고, 이것은 많이 노력하지 않고 연구하지 않았기 때문입니다. 하지만 이제는 자신감을 찾을 수 있는 대표 음식과 매뉴얼을 만들어야 합니다. 염도와 당도까지 측정하여 똑같은 맛을 만들고 지켜야 합니다. 그래서 혹독한 시련이 와도 새롭게 도약하여 우리의 날개를 활짝 펴야 합니다.

맛은 정직합니다. 이번 기회에 꼭 우리 음식점만의 독특함으로 새롭게 변신하는 계기를 꼭 마련했으면 합니다. 혼자의 힘으로는 힘들다면 주변의 훌륭한 솜씨를 가진 사람을 만나야 합니다. 찾는 자에게는 반드시 길이 있다는 진리를 우리는 알아야 합니다. 찾은 다음에는 하나하나 우리 것으로 만들어야 진짜 내 것이 됩니다. 맛있는 집은 금방 소문이 납니다. 그리고 그 소문을 바탕으로 충성고객을 만들어가는 것입니다.

오늘 하루만이라도 우리 음식점 메뉴를 냉정하게 분석해 봅시다. 고객이 주로 찾는 메뉴, 고객에게 인기 없는 메뉴는 무엇인지 찾아보고, 스타 셰프들의 메뉴도 찾아다니면서 세계적인 음식 흐름에도 관심을 가져봅시다. 필자가 느끼는 세계적인 음식의 추세는 튀긴 음식을 기피하고, 설탕과 소금, 카페인, 생크림, 마요네즈, 토마토케첩의 사용을 줄이고 있습니다. 우선 이것을 바탕으로 우리 음식점의 모범답안을 찾아봅시다.

63빌딩에 있는 일식집을 방문하여 조개 국물을 마시면서 '바로 이것이구나!' 하면서 손뼉을 친 적이 있습니다. 다름 아닌 조개 국물에 아주 작은 유자껍질 한쪽과 참나물 한 잎을 넣었는데, 이것이 시원한 조개 국물의 맛과 환상적인 조화를 이루었습니다. 맛있고 맛없고의 차이는 한 끗 차이라는 것을 새삼 느꼈습니다. 이번 기회에 남해안 유자를 냉동실에 보관하고 1년 내내 유자향이 깃든 드레싱을 만들어 봅시다.

김장철에는 고향인 농촌으로 내려가 봅시다. 장사가 잘되는 집에 가 보면 깊이 있는 반찬이 반드시 한두 가지는 나옵니다. 이런 음식점에는 즉석에서 담근 겉절이도 있고, 된장도 있습니다. 결국 밑반찬 한두 가지에만 맛의 깊이가 있어도 나머지 음식이 무엇이든지 다 어울리고 맛있는 집으로 소문나기 시작한다는 것이 중요합니다.

▲ 장사가 잘되는 음식점은 밑반찬이라는 기본이 받쳐준다.

김장이 끝난 후에 밭에 널려있는 무청을 우리 음식점의 처마에 매달아 봅시다. 그리고 배추를 소금에 염장하여 땅에 파묻고 1년 후에 꺼내서 사용해 봅시다. 이렇게 누구도 흉내낼 수 없는 최고로 훌륭한 우리 음식점만의 노하우를 만들어가는 것입니다. 혹시 고객이 원한다면 택배도 시도해 봅시다.

성공하는 대박집이 되는 길은 멀지 않습니다. 당신의 생각을 실천으로 옮길 수만 있다면, 새로운 세상을 만들 수 있습니다. 실천하지 않으면 아무것도 얻지 못합니다.

전 세계에 자랑할 수 있는 메뉴

그동안 잘 나가던 패밀리 레스토랑의 매출도 대부분 절반으로 떨어졌을 정도로 음식점을 운영하기가 가장 어려운 시기라고 합니다. 우리가 경영하는 음식점은 더욱 사정이 나쁠 수밖에 없습니다. 우리의 경영 여건은 한 치 앞을 내다볼 수 없는 어려운 환경 속에서 IMF 때보다 더욱 혹독한 시련에 봉착해 있습니다. 통계를 살펴보니 11만 명 이상의 자영업자가 폐업했다고 하니 정말 심각한 위기인 것만은 틀림없는 사실입니다.

위기를 잘못 대처하면 도산하고, 잘 대처하면 또 다른 기회가 됩니다. 그렇다면 위기를 잘 대처하는 방법은 무엇일까요? 필자는 음식점을 운영하는 경영주에게 운영 중인 음식점은 몇 점짜리인지, 그리고 대박집이 되기 위해 어떤 노력을 하고 있는지 묻고 싶습니다.

지금은 보쌈으로 유명한 음식점 사장 부부가 처음 7평짜리 가게를 개업했을 때 기대와 달리 아무도 오지 않았습니다. 그래서 가게 문을 닫고 전국 방방곡곡 유명한 보쌈집을 다 찾아다니면서 맛을 보고 포장해왔습니다. 그리고 그 맛을 재현하기 위하여 밤새도록 여러 개의 그릇을 놓고 배합 비율을 연구하면서 최고의 맛을 찾아냈습니다. 텅 비었던 음식점이 고객으로 가득 차 줄을 서게 만든 사장 부부의 용기와 노력은 많은 음식점 사장들에게 귀감이 되었습니다. 지금 그 경영주는 고객은 정말 귀신처럼 정확하다고 회고하고 있습니다.

과연 우리 음식점은 새로운 메뉴를 개발하기 위하여 어떤 노력을 하고 있는지 한 번쯤 돌이켜보고, 우리 점포만의 국가대표급 간판 메뉴를 개발해 봅시다. 이 메뉴만은 이 지역에서 가장 맛있는 메뉴이고, 대한민국을 넘어 세계 속에 내세울 수 있는 자랑스러운 메뉴를 개발해 봅시다.

대부분의 식당이 "여기는 어떤 음식이 맛있어요?"라는 고객의 질문에 "다 맛있어요!"라고 대답합니다. 이것은 반대로 말하면 우리 점포는 대표 메뉴가 없다는 것입니다. 메뉴만큼은 서울에서, 아니 대한민국에서 가장 맛있는 음식이라고 자부할 수 있는 그런 대표 메뉴를 개발해야 합니다.

음식도 마찬가지입니다. 끊임없는 연구와 개발, 그리고 부단한 노력만이 성공의 열쇠를 가질 수 있습니다. 이미 포화상태에 접어든 음식점의 현실에서 실패하는 가장 큰 이유는 '평범함' 때문입니다. 그러므로 우리 점포만의 독특한 메뉴를 개발하고, 살아 움직이는 점포 분위기를 만들어서 고객이 찾고 싶은 명품 음식점을 만들어야 합니다.

명품 음식점을 만들기 위한 기본 조건은 음식점에서 가장 쉽게 생각하고 있는 밥과 김치만 잘해도 절반은 성공한 것입니다. 하지만 가장 쉬운 것을 가장 쉽게 망각해 버리기 때문에 대부분의 음식점은 이 50점을 잃고 시작합니다. 항상 신부가 신랑에게 해 주는 밥처럼 온갖 정성을 들여서 김이 모락모락 나는 밥을 제공해야 합니다.

1 시련을 극복하고 더 나은 성공으로 이어지는 방법

　KFC의 창업자 홀랜드 데이비드 샌더스(Harland David Sanders)의 인생은 매우 파란만장합니다. 홀랜드가 6살 때 아버지가 돌아가시면서 어머니가 일을 하셨기 때문에 집안일은 모두 그의 차지였습니다. 그래서 자연스럽게 요리도 배우게 되었습니다. 그는 10살 때부터 농장일을 시작했고, 12살 때 어머니가 재혼하면서 고향을 떠나게 되었습니다. 이후 홀랜드는 페인트공, 타이어 영업사원뿐만 아니라 유람선과 주유소에서 닥치는 대로 일을 하다가 41살이 되어서야 켄터키 주 코빈 시에 조그마한 음식점을 차릴 수 있었습니다. 그는 열심히 일을 했고, 몇 개의 식당도 가질 수 있었지만, 65세 때 뜻하지 않게 파산하게 되어 결국 국가에서 나온 105달러의 사회보장금만 남게 되었습니다. 하지만 그는 그 자리에 주저앉지 않고 그 돈으로 낡은 차를 사서 압력솥을 싣고, 자신만의 독특한 닭 요리법을 전수하기 위해 길을 떠났습니다. 트럭에서 잠을 자고, 주유소에서 세수를 하면서 자신의 닭 요리법을 알아줄 사람을 만나기 위해 이집 저집을 찾아다녔지만, 핀잔과 조롱 같은 냉대뿐이었습니다.

　그는 수없이 거절당하면서도 언제나 '내 요리는 완벽해. 나는 반드시 성공할 거야!'라고 되뇌었습니다. 또한 실패와 좌절은 인생을 살면서 겪는 공부라고 생각하면서 절망 대신 희망을 가졌고, 우는 대신 웃었으며, 방황하는 대신 희망을 잃지 않고 행동했습니다. 자신을 박대하는 사장들을 원망하지 않았고, 자포자기하는 대신 세상을 감싸 안고 항상 기도했습니다. 이렇게 포기하지 않고 열심히 노력하다 보니 진인사대천명(盡人事待天命)이라고 했던가요? 드디어 3년이 지난 후 1,010번째로 만났던 식당 주인이 그의 기술로 프랜차이즈를 해 보자고 제안하게 되었습니다. KFC 할아버지의 1,009번 퇴짜 경험은 긴 도전의 끝에는 큰 성공이 있다는 교훈을 주었습니다. 할 때까지, 될 때까지, 이룰 때까지 하다 보면 구원의 손길은 항상 있는 법입니다. 그리고 이렇게 시련을 극복한 사례가 우리에게 위기 극복의 열쇠로 자리잡고 있습니다.

　위기를 또 다른 기회를 꼭 잡는 계기로 만들어서 슬기롭게 지금의 위기를 극복해야 합니다. 잘되는 음식점과 안되는 음식점의 차이는 아주 미묘한 곳에 있습니다. 성공한 음식점은 정말 많은 노력을 한다는 것을 꼭 기억하세요.

2 실패한 음식점은 항상 경기타령만 한다

　얼마 전 강원도 인제군 용대리에서 열리는 황태 축제 개최와 관련하여 인제군 관계자와 현지 추진위원단과 함께 미팅을 갖기 위해 용대리를 방문했습니다. 용대리는 인제군에서도 가장 낙후된 곳으로, 바람이 많이 불고, 춥고, 눈도 많이 내려서 농사가 잘되지 않는 곳이었습니다. 그래서 주민의 소득 수준도 낮았습니다. 하지만 용대리의 젊은이들은 가난한 용대리를 살릴 수 있는 길이 무엇인지 궁리한 끝에 시범적으로 자연친화적인 황태덕장을 만들어 황태를 걸어 말리기 시작했습니다.

　황태 말리기에 가장 좋은 조건은 바람이 많이 불고, 일교차가 심하며, 눈이 내리는 곳인데, 용대리는 이러한 조건에 가장 최상인 곳이었습니다. 그래서 지역 주민들이 적극 동참하여 대한민국에서 가장 우수한 황태덕장을 만들게 되었습니다. 이제는 가장 낙후된 용대리가 연 매출을 380억 원이나 올리는 소득 수준이 가장 높은 곳이 되었습니다. 여기에 만족하지 않고 용대리 사람들은 황태산업연구회를 만들어 최고 품질과 황태의 효능에 대해 연구하고, 브랜드파워를 높이기 위해 전국적인 황태요리경연대회를 개최하고 있습니다. 필자는 이렇게 열심히 땀 흘리는 용대리 사람들에게 큰 박수를 보내고 싶습니다.

매출은 급감하고, 식자재 원가는 폭등하고, 사람 구하기는 점점 어려워지는 요즘같이 힘든 시기에 우리 음식점에 대하여 좀 더 깊이 생각해 봅시다. 과연 우리 음식점에 용대리와 같은 역발상은 없는지 말입니다.

◀ 강원도 인제군 용대리에 위치한 황태덕장

이번에는 세무사를 하다가 그만두고 음식점을 차린 사장님이 1년 동안 개발한 돌솥비빔밥 레시피를 공개하겠습니다.

이렇게 하면 누구나 똑같은 메뉴로 만들 수 있습니다. 정확히 쌀 몇 킬로그램은 밥 몇 그릇인지 나와 있는 바로 이것이 레시피의 효력이자, 필요성입니다. 여기에 메뉴를 개발하면서 염도와 당도를 측정하여 입맛이 까다로워진 요즘 고객들의 취향에 맞도록 표준 레시피를 작성하라고 강조합니다. 우리 점포만의 노하우를 축적하여 누구나 인정하는 대박 맛집이 되고, 더 나아가 전국적인 프랜차이즈 사업의 틀을 만들어서 음식점이 아닌 외식기업으로 거듭 성장 및 발전하기를 바랍니다.

유명 음식점의 돌솥밥 사례

메뉴명		오색약수 돌솥밥		기록자		기록일	
NO	상표	계량 단위	식재명	1인분			
1			불린 쌀	230g			
2			오색약수	200g			
3			수삼뿌리	1개			
4			검정콩	3개			
5			밤	1/4쪽			

● 제조법 ●

1. 찹쌀과 멥쌀을 1:2 비율로 섞는다.
2. 정수된 물로 쌀을 씻은 후 물을 버리고 오색약수를 넣어 1시간 정도 불린다.
3. 검정콩도 정수된 물로 깨끗이 씻은 후 1시간 정도 불린다.
4. 돌솥에 불린 쌀을 넣고 오색약수를 부은 후 수삼뿌리, 검정콩, 4등분으로 자른 밤을 넣는다.
5. 센 불에 5분 정도 끓이면 돌솥에 물이 끓어올라 넘친다. 이때 약한 불로 줄인 후 밥물이 자작자작할 때 뚜껑을 덮고 15분 정도 뜸을 들인다.

메뉴명		돌솥밥 쌀 배합 비율		기록자		기록일	
NO	상표	계량 단위	식재명	20그릇	40그릇	60그릇	
1			쌀	2.3kg	4.6kg	6.9kg	
2			찹쌀	1.1kg	2.2kg	3.3kg	

● 제조법 ●

1. 170g의 쌀을 불리면 230g이 된다(133%).
2. 위의 쌀을 정수물로 깨끗이 씻고 오색약수를 부은 후 1시간 정도 불려서 밥을 짓는다.

도전하라, 대박이 보인다

 치즈 가격 폭등에 이어 밀가루와 달걀까지 식자재 가격이 폭등하고 있습니다. 우리와 밀접한 관계가 있는 이들 식재료의 가격 폭등은 외식 환경을 어렵게 만드는 데 바로 영향을 미치고 있는 상황입니다. 이러한 어려운 환경에서 살아남을 수 있는 전략은 과연 무엇일까요?

 어느 잡화점 사장의 성공담이 많은 음식점 경영주들에게 귀감이 될까 하여 준비해 보았습니다. 본격적으로 미국 이민이 시작되기 전인 1970년대에 미국 뉴욕에서 있었던 이야기입니다. 주로 미국 사람들이 살던 뉴욕의 맨해튼 32번가에 갓 이민 온 한국 청년이 잡화를 파는 구멍가게를 열었습니다. 잡화점의 바로 옆에는 대형 슈퍼마켓이 영업하고 있었는데, 애당초 경쟁 상대가 되지 않을 것으로 보였던지 대형 슈퍼마켓 주인은 아시아의 작은 나라에서 온 이방인이 구멍가게 수준의 잡화점을 낸 것에 대해 별 관심을 보이지 않았습니다. 하지만 이 한국 청년은 대단한 결심을 하고 시작한 사업이었기 때문에 늘 최선을 다했습니다. 좋은 물건을 싸게 팔려고 노력했고, 신선한 상품을 공급하려고 밤잠을 설치면서 먼 지방에 있는 농장을 다녀오는 일이 다반사였습니다.

 처음에는 고객들이 별로 많지 않았지만, 시간이 흐르면서 차츰 싸고 품질 좋은 상품을 판매하는 구멍가게에 고객들이 몰리기 시작했습니다. 대형 슈퍼마켓에서 한 병에 1달러에 판매하는 생수를 이곳에서는 80센트에 팔았습니다. 그제야 정신이 든 대형 슈퍼마켓 주인은 자기 가게에서는 생수를 70센트에 판매한다고 광고문을 내걸었습니다. 청년도 가만히 있지 않고 생수를 한 병당 60센트에 팔았고, 사태가 이 지경이 되자 대형 슈퍼마켓 주인은 머리가 아프기 시작했습니다. 왜냐하면 생수의 한 병 원가가 50센트였기 때문입니다. 대형 슈퍼마켓 주인은 마지막 카드를 내밀었습니다. "55센트에 팔면, 설마 그 청년이 나를 따라오지는 못하겠지."라고 중얼거리면서 광고문을 수정해서 내걸었습니다. 하지만 그것도 잠시뿐, 그 청년은 생수를 50센트에 팔기 시작했습니다. 대형 슈퍼마켓 주인은 기가 막혔습니다. 도대체 이 청년은 어떻게 장사를 하기에 원가에 물건을 팔 수 있는 것인지 궁금했습니다.

결국 대형 슈퍼마켓의 고객수는 크게 줄었습니다. 적자가 누적되는 가게를 더 이상 운영할 수 없다고 판단한 주인은 대형 슈퍼마켓의 문을 닫기로 했습니다. 드디어 대형 슈퍼마켓의 주인이 한국 청년으로 바뀌게 되었습니다. 가게를 넘기면서 마지막으로 한국 청년에게 "생수를 원가에 팔면 무엇을 먹고 사느냐?"라고 물었습니다. 청년의 대답은 분명했습니다. "생수를 싸게 파니까 하루에 10박스 팔리던 것이 100박스 이상으로 판매가 늘었고, 판매한 후에 남는 빈 박스만 고물상에 넘겨도 적지 않은 이익이 생겼습니다."라고 답변했습니다.

청년은 지금 뉴욕을 비롯한 미국 동부 지역의 상권을 주름잡는 준재벌이 되었습니다. 이 청년이 처음 발을 디뎠던 뉴욕의 맨해튼 32번가는 뉴욕에서도 사람들이 최고로 붐비는 명소가 되었고, 한국인들이 뉴욕에 가서 가장 즐겨 찾는 한국인의 거리가 되었습니다. 아니, 세계인이 즐겨 찾는 명소가 되었다고 하는 것이 더 정확한 표현일 것입니다. 어떤 업종이든지 가게 문만 열어놓으면 장사가 잘되는 맨해튼 32번가에서 지금 점포를 구하는 것은 하늘의 별 따기보다 더 어렵다고 합니다.

일본의 아르바이트생 시급은 8,000~12,000원 정도 되고, 음식 가격은 우리나라와 큰 차이가 없으며, 업종에 따라서는 우리보다 더 저렴한 음식이 훨씬 많습니다. 일본인들은 철저하게 원가를 줄이면서도 맛이 뛰어난 메뉴를 개발했고, 소모적인 부분을 대폭 줄여서 경쟁력을 찾았으며, 최고의 서비스로 위기를 극복하여 성장을 거듭하고 있습니다. 우리나라도 조금씩 변화하는 시스템과 매뉴얼을 만들어서 음식점이 아닌 외식기업으로 탄탄하게 성장 발전하고 있습니다. 조금 더 속도를 내어 위기를 또 다른 기회로 삼고, 망설이는 시간을 허비하지 않으면서 작은 실천을 지금 시작하는 것은 어떨까요?

성공하는 경영주의 역할과 직무

경영주의 조건

경영주는 '회사에서 사람(人), 물건(物), 돈(金)을 맡아 그것을 최대한 활용하여 최대의 이익을 얻는 임무를 가진 점포의 최고 책임자'를 말합니다. 관리자는 '목표 이익 달성을 위해 필요하며, 최저의 인건비로 균형을 잡는 사람'입니다. 목표 이익을 달성하려면, 다음의 두 가지 사항이 필요합니다.

❶ 매출을 올린다.
❷ 원재료의 적정 비율을 지킨다.

필요한 최저의 인건비로 목표 매상을 달성하고, 적정한 원재료의 비율을 지키려면 교육, 매뉴얼, 판매 기획 등이 필요하며, 목표를 세워 지시한 후 실적을 올려야만 합니다. 또한 무엇보다도 Q.S.C를 레벨업하는 것이 목표 달성의 대원칙입니다.

경영주는 지속적인 상황 속에서 점포를 운영 및 관리하는 가장 중요한 역할을 담당하는 사람입니다. 음식점은 지역 사회에 없어서는 안 되는 점포로 지속되도록 하고, 경영주 자신과 종업원도 '풍요로운 생활과 가치 있는 인생'을 구축할 수 있도록 매뉴얼을 준수하며, 정확하게 점포를 운영하고 관리하는 것이 매우 중요합니다.

창업에 성공한 사람과 실패한 사람은 큰 차이점이 있습니다. 우선 성공하는 사람의 유형을 살펴보면 다음과 같습니다.

1 창업에 대해 강한 의욕을 가지고 있다

성공하는 창업자는 강한 의욕을 가지고 일에 열정적으로 몰입합니다. 음식점을 창업하기 위해서는 많은 노력과 열정이 필요하기 때문에 강한 의욕이 매우 중요한 역할을 합니다. 외식 창업자의 경우 소규모 업체가 많아서 창업주가 일에 대한 강한 의욕 없이 참여하는 경우가 있는데, 이것은 창업자의 자질이 없는 것입니다. 물론 강한 의욕만 가지고 있다고 해서 반드시 성공하는 것은 아닙니다. 업무를 추진할 때 합리적인 계획과 판단이 결여된 의욕은 실패할 수 있습니다.

실패는 없다는 태도로 방만한 경영을 추구하는 창업자는 대체로 실패하는 경우가 많습니다. 항상 남보다 우월하고 어떤 경쟁자라도 제거할 수 있다고 자만하여 경쟁자와의 소모적 경쟁을 하는 창업자도 실패의 유형이 될 수 있습니다. 따라서 성공하는 창업으로 이끌려면, 강한 의욕과 함께 업무를 추진하는 데 합리적이면서 타당성이 있는 계획이 우선되어야 합니다.

2 대인관계가 원만하다

대인관계가 원만하다는 것은 정서적으로 안정되었고, 사교성과 타인에 대한 배려, 공감 능력 등에 문제가 없다는 의미입니다. 공감하는 능력이 뛰어난 창업자의 경우 타인의 입장에서 사물을 바라보고 생각하기 때문에 타인의 느낌과 생각을 효과적으로 파악할 수 있습니다. 특히 음식점의 경우 고객과의 접촉에 의해 상품 판매가 이루어지기 때문에 종업원과 고객과의 인간적인 접촉이 매출에 영향을 줄 수 있습니다. 따라서 고객과 접촉할 때 완만한 인간관계를 유지하고 고객을 관리하는 능력이 매우 중요합니다.

경영주와 종업원과의 인간관계도 매우 중요한 역할을 합니다. 종업원과 경영인의 관계는 항상 갈등의 문제가 있기 때문에 원만한 인간관계로 이러한 갈등을 해결해야 합니다. 특히 종업원의 불만은 곧 매출액의 저하를 가져온다는 것을 명심해야 합니다.

3 정확한 의사 결정 능력을 가지고 있다

창업자가 새로운 사업 운영과 관련된 의사를 적절하게 결정하는 능력은 사업 성공에 매우 중요한 역할을 합니다. 의사 결정은 기업이 가장 적절한 대안을 선택하여 목표에 도달할 수 있게 하는데, 너무 완벽주의를 지향하면 실패할 수 있습니다. 일을 처리할 때 완벽만을 추구하다 보면, 소요 비용, 시장 여건, 타이밍 등을 무시한 결정을 내릴 수 있습니다. 또한 문제에 대해 자만하면, 좀 더 나은 해결책을 선택하는 기회를 상실할 수도 있습니다. 따라서 성공하려면 신속한 결정과 실천을 하면서도 결과에 대해서는 강한 인내심으로 기다릴 줄 알아야 합니다.

창업자는 실패를 통하여 배우려는 자세를 가지고 있으면서 자기 잘못에 대해서는 신속하게 파악하여 수정해야 하고, 타인의 의견을 경청하고 학습하는 능력이 있어야 합니다. 타인의 조언을 듣지 않고 잘못된 의사 결정을 하면 실패할 경우가 많습니다.

4 창조적 사고를 한다

외식 창업자에게 필요한 정신적 능력에는 지적 능력, 창조적 사고력, 분석적 사고력 등이 있습니다. 이러한 정신적 능력에 의하여 사업의 문제를 체계적으로 분석하고, 창조적인 문제 해결책을 제시하여 합리적으로 일을 처리할 수 있습니다.

정신적 능력에는 창업자의 끈질긴 문제 해결 능력과 함께 실패에 대해 적절하게 관리할 수 있는 능력도 포함됩니다. 남으로부터 도움과 협조를 받지 않고 혼자 모든 것을 결정하고 처리하면 사업이 실패할 수 있으므로 주의해야 합니다.

경영주의 직무

경영주의 직무는 크게 다음과 같이 열 가지 항목으로 나눌 수 있습니다.

> ❶ 수익 관리 ❷ 계획 ❸ 지시·실천 ❹ 보고 ❺ 교육 ❻ 상품 관리
> ❼ 서비스 향상 ❽ 청결도 유지 ❾ 판매촉진 ❿ 자기 계발

직무를 수행할 때는 리더십과 인간성이 중요합니다. 점포는 경영주의 레벨을 넘어서지 않습니다. 경영주가 성장하면 점포도 성장합니다. 종업원에게 받는 신뢰와 고객에게 받는 지지도 경영주가 하는 만큼 결정됩니다. 직원이 자신감과 긍지가 넘친 경영주의 모습을 보고 생동감 있게 일하면, 점포는 활기가 넘치고, 고객은 기뻐하며 만족합니다. 경영주는 제공해야 하는 작업의 기준을 계속 파악하고, 지시하며, 기준을 갖춘 작업 습관을 창출하면서 직무와 최고의 맛으로 고객 만족도를 높여 경쟁력을 갖추어야 합니다.

경영주의 역할

경영주는 다음과 같은 역할에 충실해야 합니다.

1 고객 만족 경영을 한다

고객은 기억되기를 바라고, 환영받고 싶어 하며, 관심을 가져주기를 바랍니다. 그리고 중요한 사람으로 인식되기를, 편안한 마음으로 식사하기를, 존경받기를, 칭찬받기를, 기대와 욕구가 충족되기를 바랍니다. 또한 고객들은 웃음으로 맞이하기를, 음식이 빨리 제공되기를, 즉시 좌석에 안내되기를, 음식이 괜찮냐고 물어봐주는 등 세심한 배려를 원하고 있습니다.

이들 고객은 레스토랑에서 배고픔과 목마름을 해결하고, 저렴하게 지불하면서 빨리 맛있는 것을 먹기를 원합니다. 그리고 진기한 것을 먹으면서 좋은 대접을 받고, 레스토랑을 대화의 자리로 활용하며, 분위기를 즐기고, 건강음식과 전통음식을 먹으면서 향수를 느끼고, 편의지향적인 음식을 즐기며, 청결한 분위기에서 음식을 먹고 싶어 합니다.

고객 만족 경영은 모든 부분을 고객의 입장에서 생각하고, 진정한 의미에서 고객을 만족시켜 생존을 유지하려고 하는 신경영 흐름의 하나입니다. 미국이나 유럽에서 주목받기 시작하여 국내에서는 대기업을 필두로 작은 음식점까지 영향을 미치고 있습니다. 이제는 생존전략의 필수 조건으로 고객 만족을 꼽을 수 있습니다.

음식점에서 고객과의 거래는 한 번으로 끝나지 않고 평생 계속되는 것입니다. 한 사람이 불만을 가지면, 주위 사람에게 영향을 미쳐 결국 한 사람이 아니라 수십 명을 잃는 결과를 가져옵니다. 고객 만족 경영은 고객이 음식과 서비스에 대해 원하는 것을 기대 이상으로 충족시켜서 단골로 이어지게 한 후 지속해서 선호할 수 있게 만드는 것입니다. 고객 만족을 높이려면, 고객의 기대를 충족시킬 수 있는 품질을 제공해야 하고, 고객의 불만을 효과적으로 처리해야 합니다. 또한 고객 만족을 위해 같이 일하는 직원들의 만족이 필수이므로 직원들의 복지를 향상시키고, 일체감을 조성하는 등 직원 만족도 함께 뒤따라야 합니다.

고객 만족은 결국 상품의 품질뿐만 아니라 제품의 기획, 설계, 디자인, 제작, 애프터서비스 등에 이르는 모든 과정에 영향을 줍니다. 결국 제품에 내재된 기업 문화 이미지와 함께 상품 이미지와 이념 등 고차원적인 개념까지 고객에게 제공해서 만족시키는 것으로 요약될 수 있습니다. 따라서 고객 만족 경영은 시장 점유율의 확대나 원가 절감이라는 단기적인 목표보다 고객 만족을 궁극적 경영 목표로 추구하는 것입니다. 어떤 일이든지 작은 일은 없고, 어느 직책도 작은 직책은 없으며, 일에 대한 태도가 가장 중요합니다.

2 목표액을 달성한다

경영주는 고객에게 만족을 제공하기 위해 상품에 관한 지식뿐만 아니라 상품 및 메뉴에 관한 지식, 서비스 매뉴얼을 이해하고, 청결도의 기준을 숙지하며, 스스로 기준을 달성하기 위해 일에 대한 실천력을 가져야 합니다. 이러한 기준을 기본으로 해서 직원과 함께 고객의 만족을 창출하는 것입니다. 물론 직원의 지도 육성이 필요하지만, 경영주는 자신이 점포에서 해야만 하는 일에 정통하지 않으면, 직원의 능력을 육성하는 데 어려움이 많습니다. 직원 교육에서 특히 중요한 것은 '서비스 교육 훈련'입니다.

점포에서의 만족은 맛있는 요리와 성의 있는 따뜻한 접대가 제공되어야 비로소 실현됩니다. 왜냐하면 점포에 오는 고객은 단지 공복을 채우는 것뿐만 아니라 대화나 요리를 즐기고, 천천히 여유를 누리면서 쾌적한 분위기에서 좀 더 윤택한 기분을 맛보고, 즐거운 시간을 보내고 싶어 하기 때문입니다. 서비스는 한 사람 한 사람의 고객에 대한 심리를 재빨리 파악하고, 내점, 안내, 주문받기, 요리 제공, 식사 중 응대 등등 하나하나의 과정에서 성의가 담긴 접대를 하는 것이 중요합니다. 서비스의 레벨은 고객의 감정에 의해 평가 및 결정됩니다. 따라서 서비스에 관한 교육 훈련이 고객에게 만족을 제공하는 것 이상으로 중요합니다.

경영주의 31가지 행동 규범

다음은 훌륭한 경영주가 갖추어야 하는 31가지 행동 규범 목록입니다.

	훌륭한 경영주	실패한 경영주
1	직원을 진심으로 교육하는 경영주	직원을 교육할 마음이 없는 경영주
2	직원의 행동을 정확하게 파악할 수 있는 경영주	직원의 행동을 파악할 수 없는 경영주
3	직원의 실수를 장악할 수 있는 경영주	직원의 실수를 전혀 알아채지 못하는 경영주
4	직원의 실수에 대해 주의 및 지도할 수 있는 경영주	직원의 실수를 보고도 못 본 척하는 경영주
5	칭찬하는 방법이 능숙한 경영주	칭찬하는 방법이 서투른 경영주
6	결코 푸념하지 않는 경영주	직원과 함께 회사의 험담을 하는 경영주
7	험담을 하지 않는 경영주	직원을 욕하는 경영주
8	직원을 공평하게 대하는 경영주	편애하는 경영주
9	실수를 솔직하게 인정하는 경영주	자신의 실수를 직원에게 덮어씌우는 경영주
10	리더십이 강한 경영주	착하기만 한 경영주
11	계획, 실행, 확인할 수 있는 경영주	계획, 실행, 확인을 할 수 없는 경영주
12	문제점을 파악해 해결할 수 있는 경영주	무엇이 문제인지 파악하지 못하는 경영주
13	인건비를 관리할 수 있는 경영주	인원 보충만을 생각하는 경영주
14	작업 행정 과정을 조절할 수 있는 경영주	작업 스케줄 작성이 서툰 경영주
15	정확한 보고서와 설득력 있는 의견서를 만들 수 있는 경영주	문장 표현력이 없는 경영주
16	수치적 책임을 질 수 있는 경영주	수치에 약한 경영주
17	행동력이 있는 경영주	솔선수범하지 않는 경영주

	훌륭한 경영주	실패한 경영주
18	실행력이 있는 경영주	불만만 많고 실행하지 않는 경영주
19	자신의 의견을 명확하게 말하는 경영주	비판은 하지만, 의견은 내지 않는 경영주
20	침착하고 냉정한 판단으로 진두지휘할 수 있는 경영주	고충을 처리할 수 없는 경영주
21	사전에 문제 예측이 가능한 경영주	일에 쫓기는 경영주
22	공정한 경영주	거래업자에게 금품을 요구하는 경영주
23	업계지, 경제지에도 흥미가 있는 경영주	주간지, 스포츠지만 읽는 경영주
24	폭넓은 인간성을 지닌 경영주	유머를 전혀 이해하지 못하는 경영주
25	상황을 판단하고 효율적으로 시간관리하여 일하는 경영주	출근 시간부터 퇴근 시간까지만 일하는 경영주
26	적절하게 경제 관리를 할 수 있는 경영주	경비를 낭비하는 경영주
27	청결한 경영주	단정하지 못한 경영주
28	공사를 혼동하지 않는 경영주	공사를 구별하지 못하는 경영주
29	활달하고 명쾌한 경영주	병약하여 건강하지 못한 경영주
30	플러스 발상을 하여 긍정적인 영향을 끼치는 경영주	"안 됩니다", "무리입니다", "할 수 없습니다."라고 변명하는 경영주
31	예측하고 사전에 준비하는 경영주	미래를 예측하지 못하는 경영주

성공하는 경영주의 행동 스케줄

경영주는 다음과 같은 타임 스케줄에 따라 업무 계획을 세우고 행동해야 합니다.

1 경영주의 일일 타임 스케줄

	출근 전	날씨, 신문, 광고 등을 보며 오늘의 작전, 조례 내용에 대해 생각
AM 10:00	출근	• 직원들과 인사 • 본사에서 연락온 사항 확인 • 오늘의 예약 확인 • POP 점검, 장식품 체크 • 청결도 체크 (주차장, 입구, 샘플 케이스, 의자, 화장실, 테이블, 바닥 등) • 냉난방 체크 • 잔돈 확인(금전등록기에 잔돈 넣기) • 비품 체크(젓가락, 성냥, 냅킨, 이쑤시개 등) • 각 책임자와 회의 • 영업(종업원의 근무 상황) 체크
11:00	조례	• 종업원 위치와 동선 파악 • 어제의 문제점 파악 후 개선 방법 연구 • 오늘의 목표 체크 • 오늘 예약 사항에 대해 지시 • 종업원의 건강 체크 • 몸가짐 체크 • 접객 6대 용어 연습 • 점내 각 부분 조명과 음향 스위치 ON • 작업 할당
11:30	개점 후 런치 타임	• 조리장과 홀에 개점 지시 • 샘플 케이스 조명 ON • 진두지휘 • 전반적인 손님 접객(주문받는 타이밍 체크, 식후 차 제공은 제대로 이루어지고 있는지 등 서비스 체크) • 냉난방 조절

시간	구분	업무 내용
PM 2:00	런치 종료 후 브레이크 타임	• 런치 정리 지시 • 종업원에게 교대로 식사 지시 • 런치 매상 체크 • 비품 발주 업무(성냥, 젓가락, 소모품 등) • 예약 인원, 성명 등 전화 확인 • 사무 처리(작업 스케줄, 보고서 정리 등) • 청결도 체크 • 미팅, 카운슬링 • 메뉴, 이벤트 연구 • 런치 매상 정산(현금 체크) • 디너타임에 대한 예약 지시, 직원 동선 지시
5:00	디너 타임	• 진두지휘 • 전반적인 손님 접객 • Q.S.C 체크(정해진 대로 운영되고 있는지 확인) • 냉난방 조절 • 고객과 접촉해 의견 수집
9:30	오더 스톱	• 영업 종료 표지 걸기 • 샘플 케이스 조명 OFF • 각 테이블의 오더 스톱 지시(조리장에 오더 스톱 걸기) • 각 책임자와 협의(내일 일정 확인) • 내일 예약 기재 지시(조리장, 1층 홀, 2층 홀)
10:30	폐점	• 필요한 장소 조명 OFF • 레지스터 잠그기 • 하루 매상 정산 • 영업일지 작성 • 발주 작업 • 청결도 최종 체크 • 불씨 확인(담배꽁초 확인) 및 전기, 가스, 수도 체크
11:00	퇴근	• 창문 점검 • 야간 금고에 입금 • 귀가

2 경영주의 주간 계획

■ 정기적 작업
- 본사 제출 서류 작성
- 책임자 미팅 주제 결정
- 전주 매상 실적 확인
- 금주 매상 목표 점검
- 직원 교육 훈련

■ 임시적 작업
- 세미나, 연수회 등 출석
- 광고 계획 검토
- 기타

■ 인사 관리
- 금주의 결근, 휴가 예정자의 확인과 대책 마련
- 인원 모집, 면접, 채용

■ 점포의 청결도 체크
- 정기적 청소, 정리정돈
- POP 장식 체크
- 유지 보수 체크

3 경영주의 월간 계획

■ 예산과 실적
- 여러 가지 경비와 상품별 매상을 전월과 전년 동기 비교
- 우리 점포와 타점포 비교
- 대책

■ 상품 계획
- 월간 ABC 분석
- 맛 점검

■ 회의
- 월간 사업부 회의
- Q.S.C 문제점 회의
- 미팅

■ 장부 관계 제출물 작성
- 영업보고서
- 월말 재고조사표
- 신입 및 퇴사자 보고서

■ 인사 관리
- 작업 할당
- 직무 수행 상황 체크
- 교육 훈련 효과 체크
- 근무 상황 체크
- 근무도 체크
- 병·결근 상황 체크
- 파트, 아르바이트 활용
- 직원들의 사기 고양

■ 접객 방법의 개선
- 접객 태도 방법 체크
- 고충 처리 방법 체크

■ 후방 점검
- 비품, 집기, 기타 설비의 점검 및 정비
- 종업원 시설의 점검 및 정비
- 방재 또는 방범 시설의 점검 및 정비

- **기타**
  - 사무 처리 점검
  - 전표 처리, 자료 파일 점검
  - 경합점의 조사
  - 상권의 동향 조사
  - 방침 또는 전략의 재고 및 검토

4 경영주의 연간 계획

- **기본 방침**
  - 기본 방침의 실행
  - 점포 운영의 주제 설정 및 구제책 결정
  - 직원에게 철저하게 전달

- **전년도 실적 검토**
  - 전년도의 계획 분석과 반성
  - 외부 요인 분석
  - 금년도 계획 검토

- **계획**
  - 제경비, 이익 계획
  - 종업원의 교육 계획
  - 선전 및 광고 계획
  - 요원 계획
  - POP, 장식, 간판 계획

부록

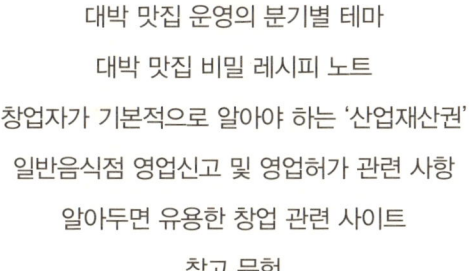

대박 맛집 운영의 분기별 테마

대박 맛집 비밀 레시피 노트

창업자가 기본적으로 알아야 하는 '산업재산권'

일반음식점 영업신고 및 영업허가 관련 사항

알아두면 유용한 창업 관련 사이트

참고 문헌

대박 맛집 운영의 분기별 테마

점포를 성공적으로 운영하려면 다음과 같은 항목을 고려해야 합니다.

■ Q.S.C 레벨의 궤도 수정

분기	운영 테마	월차	운영 테마	활동 내용
1사분기	품질 관리 강화의 달 - 맛 추구	1월	상품을 확인하자!	모양, 색채, 중량감, 맛, 향, 신선도, 담기, 배치 확인
		2월	품질을 이해하자!	계량하자! 세자! 조사하자! (균일, 균질, 균량)
		3월	온도 관리를 철저히 하자!	저장고, 조리 설비, 식기, 상품, 온도계, 촉감 온도 확인
2사분기	서비스 강화의 달 - 활기와 명랑함 추구	4월	서비스의 기본을 되돌아보자!	훈련, 예의범절(규칙 준수), 태도, 복장, 몸가짐, 말씨
		5월	활기 넘치는 서비스를 제공하자!	싱글벙글, 박장대소, 미소짓기 운동
		6월	눈과 마음을 배려하자!	상냥하게! 사랑스럽게! 주의 깊게!
3사분기	청결·위생 강화의 달 - 아름다움 추구	7월	고객의 시점에서 점포를 보자!	입점~퇴점까지의 흐름 속에서 청결도 확인
		8월	청결도 체크를 관행으로 하자!	1시간마다 크린패트롤을 철저하게 실시
		9월	철저하게 위생을 관리하자!	손 씻기, 소독, 세정, 선입선출, 납품일자, 온도 관리 확인
4사분기	노동 생산성 800만 원 달성 - 수치 목표 착지점	10월	객단가 1,000원 증대를 달성하자!	'추가 1품' 철저히 권유
		11월	원재료, 상품 - 1% 로스 퇴치를 달성하자!	매출 예측과 출수 예측 확인
		12월	노동 시간 100시간 삭감을 달성하자!	'더 하나 할 것이 없습니까?' 운동 실시

※ 경과 도중에 Q.S.C 레벨을 향상하고 착지점 수치에 착실하게 접근하여 최종 4사분기에 달성도를 확인한다.

■ 1개월 단위 오퍼레이션 매뉴얼 1(5월 기준)

일자	행사	관리 일반
1	영업 제1주 첫날	
2		전월분 외상 작성 및 청구서 발송일
3		
4		매입, 제경비 지불 열람표 작성
5	어린이날 특별 이벤트	풍선 달아주기, 어린이 동행시 10% 할인
6		
7	제1주 최종일	청소 점검일, 수치주간표 관리 작성
8	영업 제2주 첫날 – 어버이날	변경 유무
9		
10	지급일	사입, 제경비 지급일
11		
12		전월 손익계산일(전월 영업 성적 검토일)
13		
14	제2주 최종일	청소 점검일, 수치주간표 관리 작성
15	영업 제3주 첫날 – 스승의 날	변경 유무
16		
17		
18		
19	석가탄신일	
20	성년의 날	사원 타임코드 마감일
21	제3주 최종일	청소 점검일, 수치주간표 관리 작성
22	영업 제4주 첫날	변경 유무
23		사원 급여 지불명세서 작성
24		
25	급여	사원 급여 지급일
26		
27		

일자	행사	관리 일반
28	제4주 최종일	청소 점검일, 수치주간표 관리 작성
29	당월 마지막 주 첫날	변경 유무
30		
31	당월 최종일	매입, 제경비 거래처 청구서 제출일, 기말 재고 조사일

■ 1개월 단위 오퍼레이션 매뉴얼 2(5월 기준)

일자	사원	판매촉진 전략	공휴 예정일
1	조례 - 제1주 목표 확인, 월간 목표 발표, 확인	어린이날 데코레이션(1주간)	
2	바깥 청소 중점 작업일		
3	객석, 홀 청소 중점 작업일	POP 공고붙이기(5월 25일까지) 축제 전단지 발주	
4	주방 청소 중점 작업일		
5	후방 설비 청소 중점 작업일	여름 문안 DM 직접 쓰기 시작(19일까지)	
6	집기, 기기 정비일		
7	지역시장 협찬세일		
8	조례 - 제1주 반성과 제2주 목표 확인	어버이날 특별 이벤트	
9	바깥 청소 중점 작업일		
10	객석, 홀 청소 중점 작업일		
11	주방 청소 중점 작업일		
12	후방 설비 청소 중점 작업일	점내에 성년의 날 축제 개최 예고 POP 게시	
13	연수회 - 전월 실전 발표와 반성, 기기 정비일		
14			
15	조례 - 제2주 반성과 제3주 목표 확인	다음 달 계획 확인	

일자	사원	판매촉진 전략	공휴 예정일
16	바깥 청소 중점 작업일		
17	객석, 홀 청소 중점 작업일		
18	주방 청소 중점 작업일		
19	후방 설비 청소 중점 작업일		
20	연수회 – 전월 실전 발표와 반성, 기기 정비일	어린이 축제 전단지 신문보급소에 반입	
21			
22	조례 – 제3주 반성과 제4주 목표 확인	축제맞이 상품 세일 전단지 배포	
23	바깥 청소 중점 작업일	여름 문안 DM 발송 개시 (약 일주일 동안 모두 발송)	
24	객석, 홀 청소 중점 작업일		
25	주방 청소 중점 작업일	어린이 세일 개시	
26	후방 설비 청소 중점 작업일		
27	연수회 – 당월 반성과 다음 달 목표 설정, 기기 정비일		
28	협찬 세일		
29	조례 – 제4주 반성과 월말 목표 확인		
30	바깥 청소 중점 작업일		
31	객석, 홀 청소 중점 작업일	이번 달 계획의 검증과 반성	

대박 맛집 비밀 레시피 노트_1

요리명		코다리찜		
분 류				
점 포 명				
작 성 자				
시 행 일				
산 출 량				
준비시간				
총재료비				
원가비율				
판 매 가				

식재료	필요량	수량	제품명	식재료	필요량	수량	제품명
코다리	1EA			[양념장]			
소금	2g			굵은 고춧가루	330g		
후춧가루	1g			소금	20g		
튀김오일	40g			설탕	110g		
				물엿	850g		
[가니쉬]				소주	700g		
대파	10g			고추장	640g		
홍고추	5g			간장	300g		
청고추	5g			마늘즙	200g		
통깨	1g			생강즙	70g		
참기름	10g			후춧가루	10g		
				물	650g		

조리법

1. 코다리는 한 마리를 반으로 편다.
2. 준비된 코다리는 밀가루를 묻혀 170도의 기름에서 바삭하게 튀긴다.
3. 튀긴 코다리를 프라이팬에 얹는다.
4. 튀긴 코다리와 해산물 위에 준비한 양념장을 골고루 넉넉히 두르고 중불에서 코다리를 조리듯이 끓인다.
5. 튀긴 코다리와 해산물에 양념이 배어들면, 대파채와 청고추채, 통깨, 참기름 등을 뿌려 마무리한다.

대박 맛집 비밀 레시피 노트_2

요리명		리코타 치즈 & 이탈리안 드레싱		
분류				
점포명				
작성자				
시행일				
산출량				
준비시간				
총재료비				
원가비율				
판매가				

식재료	필요량	수량	제품명	식재료	필요량	수량	제품명
[리코타 치즈]				[이탈리안 드레싱]			
우유	1,000ml			식초	200g		
생크림	250ml			올리브오일	200g		
레몬	1EA			설탕	100g		
화이트와인	60ml			소금	25g		
소금	2g			통후추	2g		
				화이트와인	50g		
				레몬주스	50g		
				잘게 썬 양파	40g		
				빨강 파프리카	10g		
				파랑 파프리카	10g		
				노랑 파프리카	10g		

조리법	[리코타 치즈] 1. 냄비에 우유와 생크림을 담아 끓인다. 2. 우유가 끓으면, 레몬즙을 짜서 넣고 화이트와인과 소금을 넣는다. 3. 우유가 몽글몽글하게 올라오면, 고운 채에 치즈를 거른다. [이탈리안 드레싱] 1. 믹싱볼에 식초와 올리브오일, 설탕, 소금, 통후추를 넣어 섞는다. 2. 설탕과 소금이 녹으면, 화이트와인과 레몬주스를 넣고 다시 섞는다. 3. 양파는 잘게 썰고, 빨강, 노랑, 파랑 파프리카는 씨를 제거하여 곱게 썬다. 4. 2.와 3.의 모든 재료를 모두 믹싱볼에 넣고 다시 섞는다. 5. 드레싱은 사용할 때마다 잘 저어가면서 사용한다.

대박 맛집 비밀 레시피 노트_3

요리명		베이컨 숙주볶음		
분 류				
점 포 명				
작 성 자				
시 행 일				
산 출 량				
준비시간				
총재료비				
원가비율				
판 매 가				

식재료	필요량	수량	제품명	식재료	필요량	수량	비고
베이컨	100g			[양념장]			
숙주나물	150g			양조간장	10g		
양파	60g			굴소스	15g		
새송이버섯	30g			통후추	1g		
대파	20g						
당근	20g			[가니쉬]			
양배추	50g			하나가쓰오부시	5g		
팽이버섯	20g			다진 쪽파	2g		
꽈리고추	5EA						
편마늘	10g						

조리법

1. 베이컨은 2cm 길이로 썰고, 양배추는 0.5cm 두께로 채썬다.
2. 당근, 양파, 대파도 채썬다.
3. 새송이버섯은 채소와 같은 크기로 썰고, 팽이버섯도 밑동을 자른다.
4. 꽈리고추는 반으로 자르고, 마늘은 편 썬다.
5. 숙주는 흐르는 물에 씻어 물기를 제거한다.
6. 팬에 오일을 두르고, 팬이 달구어지면 베이컨을 먼저 볶은 후 채소를 넣어 볶는다.
7. 채소는 거친 것과 부드러운 것을 구별하여 순서대로 넣는다.
8. 채소의 숨이 죽으면, 간장과 굴소스로 맛을 낸다.
9. 볶은 숙주볶음은 접시에 담고, 하나가쓰오부시와 다진 쪽파를 뿌린다.

대박 맛집 비밀 레시피 노트_4

요리명		육회 비빔밥							
분 류									
점 포 명									
작 성 자									
시 행 일									
산 출 량									
준비시간									
총재료비									
원가비율									
판 매 가									
식재료	필요량	수량	제품명		식재료	필요량	수량	제품명	
양념 육회	100g				참기름	10g			
호박채	30g				흰 쌀밥	200g			
표고버섯	20g								
배채	15g				[양념 육회]				
새싹	10g				우둔살	300g			
모듬순	10g				참기름	40g			
상추	20g				설탕	30g			
무순 또는 메밀순	10g				소금	2g			
잣	1g				후춧가루	1g			
고추장	20g				다진 마늘	30g			

조리법

1. 육회는 0.5cm 두께로 채썰어 준비한다.
2. 호박은 채썰어 소금에 살짝 절인 후 팬에 볶는다.
3. 표고버섯은 기둥을 떼고 채썰어 소금 간으로 볶는다.
4. 배는 껍질을 벗기고 채썰어 준비한다.
5. 새싹과 모듬순, 상추, 무순 등의 채소는 흐르는 물에 씻어 물기를 제거한다.
6. 비빔밥 그릇을 놓고 그릇의 안쪽에 채썬 상추를 놓는다.
7. 비빔밥 그릇의 가장자리에 호박과 표고버섯, 배채, 새싹, 모듬순, 무순 등을 돌려 담는다.
8. 상추의 위쪽에 양념한 육회와 잣을 얹는다.
9. 고추장과 참기름을 곁들인다.

[육회 양념]
1. 믹싱볼에 분량의 참기름과 설탕, 소금, 후춧가루, 다진 마늘을 섞어 고루 버무린다.
2. 고루 섞은 양념에 채썬 육회고기를 넣고 고기에 양념이 배도록 버무린다.

대박 맛집 비밀 레시피 노트_5

요리명				갈비찜			
분 류							
점포명							
작성자							
시행일							
산출량							
준비시간							
총재료비							
원가비율							
판매가							

식재료	필요량	수량	제품명	식재료	필요량	수량	제품명
갈비	10kg			진간장	1.5kg		
				설탕	600g		
				물엿	700g		
				미림	300g		
				물	9kg		
				청양고추	200g		
				대파	200g		
				양파	500g		
				생강	100g		
				마늘	200g		
				건고추	50g		
				무	3kg		
				통후추	10g		

조리법

1. 갈비는 흐르는 물에 담가 핏물을 제거한다.
2. 통에 물을 넣어 끓이다가 갈비를 넣어 데친 후 흐르는 물에 헹군다.
3. 통에 물과 간장, 설탕, 물엿, 미림을 넣어 끓인다.
4. 소스가 끓기 시작하면, 핏물을 제거한 갈비와 대파, 생강, 양파, 마늘 등의 모든 재료를 함께 넣고 끓인다.
5. 갈비가 절반 정도 익으면 물러진 채소를 건져내고, 준비된 무를 넣고 다시 삶는다.
6. 갈비와 무가 다 익으면, 건져내어 따로 식힌다.
7. 육수는 기름을 걸러내고 식힌다.
8. 식힌 육수에 준비한 갈비를 담아 냉장 보관한다.

대박 맛집 비밀 레시피 노트_6

요리명	감자채 동태살튀김
분 류	
점 포 명	
작 성 자	
시 행 일	
산 출 량	
준비시간	
총재료비	
원가비율	
판 매 가	

식재료	필요량	수량	제품명	식재료	필요량	수량	제품명
동태살	400g			[드레싱]			
소금	2g			칠리드레싱	100g		
후춧가루	0.5g						
올리브오일	20g			[가니쉬]			
감자	200g			다진 쪽파	20g		
튀김오일	2liter						

조리법	1. 동태살은 소금과 후춧가루, 올리브오일을 넣어 마리네이션한다. 2. 감자는 필러로 얇게 채를 돌려 썰고 흐르는 물에 전분끼를 뺀다. 3. 전분끼를 뺀 감자채는 물끼를 제거하고 가리비에 돌돌만다. 4. 감자채로 돌돌만 동태살을 165도의 튀김오일에 튀긴다. 5. 완성된 동태살튀김에 칠리소스를 곁들인다. 6. 가니쉬로 다진 쪽파를 얹는다.

창업자가 기본적으로 알아야 하는 '산업재산권'

산업재산권이란 특허권, 실용신안권, 상표권, 의장권을 총칭하며, 모든 산업 및 경제활동과 관련된 사람의 정신적 창작물이나 창작된 방법을 인정하는 무체재산권을 총칭하는 용어이다.

특허권
기존에 없었던 물건 또는 방법을 가장 먼저 개발하거나 발명했을 때 그것을 독점적, 배타적으로 소유 또는 이용할 수 있는 권리

실용신안권
실용신안권은 기존에 있는 물건을 보다 사용하기 편리하게 또는 유용하게 개량을 한 경우 그 고안에 대한 권리

상표권
상표에 대한 권리로 나 외에 다른 사람 또는 다른 상품과 구별하기 위해 사용하는 문자, 기호, 도형, 이미지 등을 말하며 특허청에 등록한 이후 내가 지정한 상품에 대한 독점사용권을 갖는 권리

의장권
물건의 형상, 모양, 색등을 더 보기 좋게 변형하여 바꾸거나 개량한 사람이 가질 수 있는 권리

일반음식점 영업신고 및 영업허가 관련 사항

　일반음식점의 경우 창업을 위한 특별한 자격 요건이 요구되지 않는다. 일반음식점 창업을 위해서는 운영하려는 음식점의 종류에 따라 영업신고와 허가 대상을 구별한다. 그에 따른 절차는 음식점 창업 시 반드시 거쳐야 하는 단계인 일반음식점 영업신고와 영업허가가 필요하다. 창업하려는 음식점의 영업 내용에 따라 영업신고 대상과 영업허가 대상으로 구분되는데, 영업신고 대상이 되는 음식점의 종류는 일반음식점과 휴게음식점, 위탁급식영업, 제과점이며, 식품의 약품안전처장이나 특별자치시장, 특별자치도지사, 시장, 군수, 구청장 등의 신고관청에 영업신고를 하고 그에 대한 영업 신고필증을 발급받는다.

　일반음식점 영업신고를 위한 서류에는 영업신고서와 식품위생법에 따른 교육 이수증이 기본적으로 필요하며 음식점의 종류에 따라 추가적인 서류가 준비되어야 한다.

　관련 서류를 준비한 자는 신고관청에 일반음식점 영업신고를 하는 것이 가능하며 영업신고 서류를 접수한 신고관청은 15일 이내에 신고필증을 발급해 주고 해당영업소의 시설에 대한 확인이 필요할 경우 신고필증 발급 후 한 달 이내에 관련 사항을 확인해야 한다.

　영업신고와는 달리 영업허가의 경우 단란주점영업이나 유흥주점영업이 그 대상이 된다. 영업허가의 경우 일반음식점 영업신고와 마찬가지로 식품의약품안전처장이나 특별자치시장, 특별자치도지사, 시장, 군수, 구청장 등에 허가증을 신청해야 하며 이때 제출해야 할 서류로는 영업허가신청서가 기본적으로 마련되어야 하며 사전에 교육이 필요한 영업을 할 경우 교육신고서가 함께 제출하여야 한다.

이 밖에도 영업허가는 영업신고와 마찬가지로 사업내용에 따라 추가적인 서류를 요구 받을 수 있기에 관련 내용을 꼼꼼히 확인하여야 한다. 또한 영업허가를 받으려는 자는 관련된 서류를 제출한 뒤 식품의약품안전처장이나 특별자치시장, 특별자치도지사, 시장, 군수, 구청장 등으로부터 영업허가를 위한 조건을 제시 받을 수도 있음을 미리 알아둘 필요가 있다.

관련 법률에 따라 영업신고나 허가를 받지 않은 상태로 영업소를 운영한 사실이 있을 겨우 3년 이하의 징역 또는 3천 만 원 이하의 벌금형에 처해질 수 있다.

■ **일반음식점 개점에 필요한 각종 인·허가 사항**

- 영업허가
- 소방검열
- 사업자등록증
- 보건증 작성
- 금전등록기 설치 등
- 신용카드 사용신청 및 카드 단말기기 사용신청 등

소방검열 등은 건축업자나 인테리어 업체에서 건축주와 식당경영주를 대신해서 관계기관과 협의하여 처리해 주기 때문에 큰 문제는 없지만, 경영주는 소화기 설치와 수량을 확인하여 일정한 장소에 비치하고, 이를 인테리어 투자비에 포함시킨다.

보건증은 식품접객업소 근무자는 누구나 소지해야 하므로 영업개시 4~5일 전에 해당지역의 보건소에 가서 필요한 절차에 따라 위생검사를 받고, 이상이 없으면 간단히 교부받을 수 있다. 그러나 결핵과 파상풍 등 조리 및 접객 시에 대중에게 전염될 소지가 있는 병을 갖고 있으면 접객

업체 종사 불가로 판정되므로, 이러한 사람은 식당에 근무시킬 수 없다. 보건증이 없는 사람을 부당하게 근무시키면 영업정지 등의 처벌을 받게 되므로 법에 정한 규정을 준수하여야 한다.

　금전등록기 및 카드 조회는 기기판매회사에 문의하면 세무서 등록 절차와 은행 수속절차를 쉽게 알 수 있다. 금전등록기 등록신청은 기계번호, 설치예정일, 영업개시 예정일, 영업허가 및 사업자등록번호 등 간단한 필요 사항만 기재하면 되고 수속기간이 경과하면 바로 사용할 수 있다. 카드 조회기는 사업자등록증 사본, 영업허가증 사본, 대표자 주민등록등본(법인인 경우에는 법인등기부등본), 대표자 주민등록증 앞뒷면 복사본을 준비하여 희망하는 거래은행에 신청하면 된다.

■ 일반음식점 영업신청 및 허가를 위한 공통 시설 기준

구분	시설 기준
영업장	영업소의 안팎은 환경이 깨끗하고 음식물을 위생적으로 취급할 수 있어야 하며, 다른 용도로 이용되는 장소와 구별될 수 있어야 한다.
급수 시설	급수는 수돗물 또는 공중위생법 시행규칙 제49조 2의 규정에 의하여 지정된 수질검사기관에서 마시기에 적합하다고 인정한 것이어야 한다. 다만, 시·도지사가 지정하는 지역에서는 통상 마시는 우물물을 사용할 수 있다.
조명 시설	조명도는 객석의 경우는 30룩스 이상(유흥주점영업의 경우 10룩스 이상), 조리장은 50룩스 이상이어야 하며, 영업장소 안에서 30룩스(유흥주점 영업의 경우에는 10룩스) 미만으로 낮출 수 있는 촉광 조절장치를 설치하여서는 안 된다.
조리장	• 조리장은 손님이 이용장소에서 그 내부를 볼 수 있는 구조로 되어 있어야 한다. 다만, 관광진흥법 시행령 제2조에 의한 관광호텔 조리장의 경우에는 그러하지 아니하다. • 조리장 바닥에 배수구가 있는 경우에는 덮개를 설치하여야 한다. • 조리자에는 취급하는 음식을 위생적으로 조리하기 위하여 필요한 시설, 즉 세척시설, 폐기물 용기, 종업원의 손 씻는 시설을 설치하여야 하며, 폐기물 용기는 내수성 자재로 된 것으로 뚜껑이 있고 오물, 악취 등이 누출되지 아니하도록 설비하여야 한다. • 1인의 영업자가 동일건물 내에 인접한 장소에서 2종 이상의 식품접객업을 하는 경우에는 하나의 조리장을 공동으로 사용할 수 있다. • 조리장에는 주방용 식기류의 살균 소독기 또는 열탕 세척 소독시설(65℃에서 30분 이상 또는 이와 동등의 살균효과가 있는 시설이어야 한다)을 설비 하여야 한다. • 충분한 환기를 시킬 수 있는 시설을 갖추어야 한다. 다만, 자연 환기가 가능한 구조의 경우에는 따로 시설을 갖추지 아니할 수 있다. • 손님에게 제공하기 위한 음식기, 조리된 음식물 및 그 원료, 조리에 사용되는 기구류를 바닥으로부터 20cm 이상의 위치에 보관할 수 있는 구조여야 한다. • 내장 시설을 갖추어야 한다.

구분	시설 기준
화장실	• 화장실은 남녀용으로 구분되어 사용하는 데 불편이 없는 구조로서 그 수가 충분하여야 한다. 다만, 공중 화장실이 설치되어 있는 업소 및 영업장 면적이 33제곱미터 미만의 업소로서 인근에 사용이 편리한 화장실이 있는 경우에는 따로 화장실을 설치하지 아니할 수 있다. • 화장실은 세정 및 청소가 용이한 구조로서 작업장에 영향을 미치지 아니하는 장소에 설치하여야 하며, 소독약 및 청소용구 등을 청결하게 비치하여야 한다.
화장실	• 상하수도가 설치된 지역에서는 정화조를 갖춘 수세식이어야 하며, 수세식이 아닌 화장실에는 반드시 변기의 뚜껑과 환기시설을 갖추어야 한다. • 화장실은 타일 또는 콘크리트 등 내수성 자재로 시설하여야 하고, 손 씻는 시설과 시·도지사가 정하는 지역에서는 손을 씻은 후 말리거나 닦는 시설을 갖추어야 한다.
탈의실	영업소 내에는 종업원이 불편 없이 사용할 수 있는 탈의실 또는 옷장을 갖추어야 한다. 다만, 영업장 면적이 100제곱미터 미만의 식품접객업의 경우에는 그러하지 아니하다.
공동 시설	해수욕장 등에서 계절적으로 영업을 하는 음식점과 농림수산부 장관이 인정한 농어민 단체 등에서 농수산물의 판매촉진 및 소비홍보 등을 위하여 적용재배 일정기간(14일 이내) 동안 특정 장소에서 판매 행위를 하고자 할 때에는 이 기준에 불구하고 시장, 군수, 구청장이 따로 정할 수 있다.

※ 통상적으로 업소의 조리장소를 주방이라 하나, 현행 식품위생법에서는 조리장으로 사용하고 있다.

■ **일반음식점 영업신청 및 허가를 위한 업종별 시설 기준**

구분	시설 기준

휴게음식점 영업과 일반음식점 영업	• 일반음식점에 객실을 두는 경우, 객실에는 촉광조절 장치 및 잠금 장치를 설치할 수 없다.
	• 휴게음식점에는 객실을 둘 수 없으며, 휴게음식점의 객석에 칸막이(이동식 또는 고정식)를 설치하고자 할 때에는 칸막이 밑부분으로부터 0.5m 이하 부분과 1.5m 이상 윗부분은 공간으로 남겨 두어야 하고 측변은 2면 이상을 완전 차단하지 아니하며, 다른 객석 내부가 서로 보이는 구조여야 한다.
	• 기차, 자동차, 선박을 이용하는 경우 다음 시설을 갖추어야 한다.
	  – 1일간 영업시간에 사용할 수 있는 충분한 양의 물을 저장할 수 있는 내구성이 있는 식수탱크
	  – 1일간 영업시간에 발생할 수 있는 음식물 찌꺼기 등을 처리하기에 충분한 크기의 오물통 및 폐수 탱크

단란주점 영업	• 노랫소리 등이 영업장소의 외부로 들리지 아니하도록 생활소음 기준인 45데시빌 이하를 유지할 수 있는 방음장치를 하여야 한다.
	• 영업장 내에 객실이나 칸막이를 설치하여서는 안 된다.
	• 손님이 노래를 부를 수 있도록 하기 위한 음향 및 반주 시설은 다음의 것에 한한다.
	  – 마이크 장치
	  – 자막용 영상장치(노래 가사와 관계없는 퇴폐, 음란화면시설을 하지 아니한 것에 한한다.
	  – 자동 반주장치
	  – 반주용 악기
	• 우주볼(사인볼) 등 특수 조명 시설을 설치하여서는 안 되며, 객석조도는 30룩스 이상이어야 한다.
	• 네온사인 간판을 설치하여서는 안 된다.

유흥주점 영업	• 영업장소의 내부로부터의 노랫소리가 외부에 들리지 아니하도록 방음장치를 하여야 한다. • 객실에는 잠금장치나 촉광조절장치를 할 수 없다. • 유흥주점영업의 영업장소 내에는 유흥종사자의 공연을 위한 공연장(무대)과 특수 조명 시설을 설치할 수 있다.

■ 영업허가 신청 및 처리 절차

• 신청시 필요서류

① 신청서(별지양식)

② 교육필증(외식업중앙회 중앙교육원 및 각 지원)

　　각 시도 지회분원에서 교육필증을 교부하는데, 반드시 대표자가 교육을 이수하여야 한다(대리교육은 불가). 체인점이라도 99년부터는 종전과 달리 각 점포별로 점포 책임자가 반드시 교육을 받아야 하며(종전에는 체인본부 대표만 교육을 받았음), 조리사 및 영양사 자격증 소지자는 교육을 받지 않아도 된다.

③ 건강진단증(대표자 또는 점포책임자)

④ 신원증명서(대표자, 법인인 경우는 법인등기부등본)

⑤ 건축물 관리 대장등본(시·군·구)

⑥ 도시계획확인원(시·읍·면·구청)

⑦ 신청서 양식에 첨부된 영업설비 개요에는 점포 평면도(자체작성)

※ 면허세 납부 : 업소면적 10평 이상 지하철 공채 15만원 도시가스·액화석유가스 사용신고필증 등이 첨부된다(단, 동요건이 필요할 때).

이러한 제반서류는 미리 준비하여 두었다가 개점 10일 전까지는 신청하여 허가증을 발급 받아 개점하는 데에 지장이 없도록 해야 한다. 이때 한 가지 유의할 것은 외식업 중앙회의 중앙교육원 및 지역분회교육은 월 4~8회 정도 실시함으로, 이 시기를 놓치지 말고 미리 교육을 받아두는 것이 좋다.

한국외식업중앙회 홈페이지 및 안내
서울특별시 중구 동호로12길 87
서울특별시 중구 다산동 410-1
전화번호 02-2232-7911
http://www.foodservice.or.kr/

알아두면 유용한 창업 관련 사이트

창업을 결심했지만 어디서부터 시작해야 할지 막막하다면 온라인상에서 유용한 창업 정보 사이트를 찾아보는 것이 가장 쉽다.

■ **대표 사이트**

대한민국정부포털 홈페이지에 들어가 창업/기업을 클릭하면 중앙행정기관과 지방자치단체에서 지원하는 각종 지원 및 서비스를 한눈에 볼 수 있다. 창조경제타운에서는 창업 아이디어를 '제안' 형식으로 창조경제타운 홈페이지에 올리면 전문가들로 구성된 '온라인 멘토'가 보고 아이디어를 평가하고 조언해준다.

대한민국정부포털	http://www.korea.go.kr/main
미래창조과학부	http://www.msip.go.kr
창조경제타운	https://www.creativekorea.or.kr
창조경제혁신센터	https://ccei.creativekorea.or.kr

창업을 지원하는 기관 역시 많은데, 대표적으로 중소기업청과 창업진흥원, SBC 중소기업진흥공단을 들 수 있다. 이 기관들은 수시로 사업 계획에 의한 창업지원을 펼치고 있다.

중소기업청	http://www.smba.go.kr
SBC 중소기업진흥공단	http://hp.sbc.or.kr
창업진흥원	http://www.kised.or.kr

정부가 부처별로 산재해 있는 창업 지원 정보를 통합·운영하는 공식 사이트이다. K-스타트업 홈페이지에서는 정부의 다양한 창업 지원 사업을 창업 교육, 시설·공간 등 8개의 카테고리로 일목요연하게 제공하고 지역·업력·연령 등에 따라 검색할 수 있는 기능도 강화해 창업자가 정부 지원 사업을 보다 손쉽게 찾을 수 있도록 했다.

K-스타트업	www.k-startup.go.kr

■ 창업 서포터즈 관련 사이트

소상공인마당	http://www.sbiz.or.kr
기업마당	http://www.bizinfo.go.kr
비즈니스 지원단	http://link.bizinfo.go.kr
경기여성정보 꿈수레	http://www.womenpro.go.kr
꿈날개	http://www.dream.go.kr/dream
(재)한국청년기업가정신재단	http://www.koef.or.kr
밴처스퀘어	http://www.venturesquare.net
창업 핫플레이스	http://changupmap.young.go.kr
은행권청년창업재단	http://dcamp.kr/dreambank
구글 캠퍼스 서울	https://www.campus.co/seoul/ko
아산나눔재단	http://asan-nanum.org
한국생산기술연구원	https://www.kitech.re.kr/main
무한상상실	https://www.ideaall.net
창조존	http://ipczone.ripc.org
국가통계포털	http://kosis.kr
행복창업지원센터	http://sktincubator.com
국가지식재산교육포털	http://www.ipacademy.net
융합기술연구생산센터	http://ctcc.etri.re.kr
포스코 아이디어 마켓플레이스	http://www.poscoventure.co.kr
TIPS 프로그램	http://www.jointips.or.kr

■ 창업 네트워크 · 교육 · 보육 관련 사이트

창업에듀	https://edu.k-startup.go.kr
㈜온오프믹스	http://www.onoffmix.com
세상을 바꾸는 시간, 15분	http://change15min.com
홍합밸리	http://honghapvalley.org
cafe24 교육센터	http://edu.cafe24.com
르호봇 창업보육센터	http://www.ibusiness.co.kr/r_BI

■ **창업 자금 · 투자 관련 사이트**

기술보증기금	http://www.kibo.or.kr
신용보증기금	https://www.kodit.co.kr
신용보증재단중앙회	http://www.koreg.or.kr
크라우드넷	https://www.crowdnet.or.kr
아이디어오디션	http://www.ideaaudition.com
오픈트레이드	https://otrade.co
오픈 IR 플랫폼	https://openir.kised.or.kr
한국엔젤투자협회	http://home.kban.or.kr

■ **지역 · 지방 자치 단체 및 기타**

서울산업진흥원	http://www.sba.seoul.kr
서울테크노파크	http://www.seoultp.or.kr
연구개발특구진흥재단	https://www.innopolis.or.kr
특허청	http://www.kipo.go.kr
특허정보넷 키프리스	http://www.kipris.or.kr
한국발명진흥회	http://www.kipa.org/kipa
한국발명특허지원센터	http://www.kipsc.or.kr
국가기술표준원	http://152.99.46.28/nep
신기술인증	https://www.netmark.or.kr
제품안전정보센터	http://www.safetykorea.kr
관세청	http://www.customs.go.kr/kcshome
온라인 법인설립시스템	https://www.startbiz.go.kr

참고 문헌

『외식산업 실무론』, 강병남, 지구문화사, 2014
『대박집 성공법칙』, 강병남, 월간 외식경영, 2006
『메뉴 관리론』, 강병남, 조용범, 대왕사, 2008
『식당 경영론 상, 하』, 사카이 요시오 저 / 강태봉 역, 문지사, 1997
『외식산업의 이해』, 나정기, 백산출판사, 2013
『호텔 외식산업 주방 관리 실무론』, 김기영, 백산출판사, 2014
『최신 외식산업 개론』, 홍기운, 대왕사, 2009
『한국외식연감(2016)』, 한국외식정보, 2016

Foreign Copyright: Joonwon Lee
Address: 3F, 127, Yanghwa-ro, Mapo-gu, Seoul, Republic of Korea
    3rd Floor
Telephone: 82-2-3142-4151, 82-10-4624-6629
E-mail: jwlee@cyber.co.kr

위기에 더 강한 음식점 창업

2017. 3. 2. 1판 1쇄 발행
2022. 3. 8. 2판 1쇄 발행

저자와의 협의하에 검인생략

지은이 | 강병남
펴낸이 | 이종춘
펴낸곳 | BM (주)도서출판 성안당

주소 | 04032 서울시 마포구 양화로 127 첨단빌딩 3층(출판기획 R&D 센터)
      10881 경기도 파주시 문발로 112 파주 출판 문화도시(제작 및 물류)
전화 | 02) 3142-0036
      031) 950-6300
팩스 | 031) 955-0510
등록 | 1973. 2. 1. 제406-2005-000046호
출판사 홈페이지 | www.cyber.co.kr
ISBN | 978-89-315-5834-0 (13320)
정가 | 15,000원

이 책을 만든 사람들
책임 | 최옥현
진행 | 정지현
교정·교열 | 안혜희
본문 디자인 | 앤미디어
표지 디자인 | 오지성
홍보 | 김계향, 이보람, 유미나, 서세원
국제부 | 이선민, 조혜란, 권수경
마케팅 | 구본철, 차정욱, 나진호, 이동후, 강호묵
마케팅 지원 | 장상범, 박지연
제작 | 김유석

이 책의 어느 부분도 저작권자나 BM (주)도서출판 성안당 발행인의 승인 문서 없이 일부 또는 전부를 사진 복사나 디스크 복사 및 기타 정보 재생 시스템을 비롯하여 현재 알려지거나 향후 발명될 어떤 전기적, 기계적 또는 다른 수단을 통해 복사하거나 재생하거나 이용할 수 없음.

■ 도서 A/S 안내

성안당에서 발행하는 모든 도서는 저자와 출판사, 그리고 독자가 함께 만들어 나갑니다.
좋은 책을 펴내기 위해 많은 노력을 기울이고 있습니다. 혹시라도 내용상의 오류나 오탈자 등이 발견되면 **"좋은 책은 나라의 보배"**로서 우리 모두가 함께 만들어 간다는 마음으로 연락주시기 바랍니다. 수정 보완하여 더 나은 책이 되도록 최선을 다하겠습니다.
성안당은 늘 독자 여러분들의 소중한 의견을 기다리고 있습니다. 좋은 의견을 보내주시는 분께는 성안당 쇼핑몰의 포인트(3,000포인트)를 적립해 드립니다.
잘못 만들어진 책이나 부록 등이 파손된 경우에는 교환해 드립니다.